Arena-Taschenbuch
Band 2377

Ulli Schubert
wurde 1958 in Hamburg geboren. Nach der Schule und
unterschiedlichen Jobs arbeitete er als Erzieher. Nebenbei
schrieb er Kritiken zu Kinder- und Jugendbüchern und
entdeckte dabei den Spaß an der Schriftstellerei. Er war als
Sportreporter für Zeitungen und den Rundfunk tätig und
schreibt seit 1992 Kinder- und Jugendbücher.
www.ulli-schubert.de

Von Ulli Schubert sind als Arena-Taschenbuch erschienen:
Das große kicker Fußball-Quiz (Band 2389)

Ulli Schubert

Fußball, Freunde, große Träume

Mit Bildern von Betina Gotzen-Beek

Arena

In neuer Rechtschreibung

1. Auflage als Arena-Taschenbuch 2006
© dieser Ausgabe: 2006 by Arena Verlag GmbH, Würzburg
Die enthaltenen Einzelbände »Sportinternat Löwenstein.
Mach dein Spiel, Ronny!« und »Sportinternat Löwenstein.
Bestzeit für Natascha« erschienen erstmals 2000
im Arena Verlag GmbH, Würzburg.
Alle Rechte vorbehalten
Umschlagillustration: Kirsten Straßmann
Innenillustration: Betina Gotzen-Beek
Umschlagtypografie: knaus. büro für konzeptionelle
und visuelle identitäten, Würzburg
Gesamtherstellung: Westermann Druck Zwickau GmbH
ISSN 0518-4002
ISBN 3-401-02377-2
ISBN 978-3-401-02377-9

www.arena-verlag.de

Mach dein Spiel, Ronny!

Eins

Nun komm schon, gib ab! Ich steh doch frei!
Ronny breitete die Arme aus, um Toto auf sich aufmerksam zu machen. Doch der Linksaußen dachte gar nicht daran, den Ball abzuspielen, sondern versuchte es auf eigene Faust. Dass sich gleich zwei Gegenspieler auf ihn stürzten, störte ihn nicht. Er täuschte links an, zog rechts vorbei, stoppte, trat auf den Ball, drehte sich um die eigene Achse, kickte ihn mit der Hacke zwischen den verblüfften Gegnern hindurch und spurtete um sie herum. Erst der dritte Verteidiger stoppte Toto auf dem Weg zum Tor. Im letzten Moment brachte der Linksaußen den Ball unter Kontrolle und orientierte sich wieder rückwärts.
Toll, Toto!, dachte Ronny genervt und ließ die Arme sinken. Klasse rumgezaubert, zwei Verteidiger vernascht – und was hat es gebracht? Nix. Außer, dass die gegnerische Abwehr genügend Zeit hatte sich neu zu formieren. Super gemacht, Toto, echt stark. Ronny schüttelte frustriert den Kopf.
Endlich sah der Linksaußen ein, dass er keine Chance mehr hatte sich durchzuwühlen. Er blickte kurz auf, entdeckte Ronny und spielte in die Mitte. Doch was war

das für ein Pass?! Halbhoch, ungenau und auch noch viel zu scharf getreten!

Ronny sprang stumm fluchend dem Ball einen Schritt entgegen. Er lehnte den Oberkörper zurück und presste die angewinkelten Arme an den Körper. Der Ball prallte auf die gespannte Brust und tropfte genau vor seine Füße. Mit einer einfachen Körpertäuschung ließ er den heranstürmenden Gegner ins Leere laufen, warf den Kopf hoch und suchte die Lücke.

Da war sie! Ronny nahm Maß und zirkelte den Ball in Richtung Strafraumeck, ins scheinbare Niemandsland. Doch im selben Moment spurtete der Rechtsaußen genau dorthin! Geschickt nahm er den Ball mit dem Außenrist mit. Der gegnerische Torwart stürzte todesmutig aus seinem Kasten, um den Einschusswinkel zu verkürzen. Der Rechtsaußen stoppte, tippte den Ball nach rechts und flankte gefühlvoll über den Keeper hinweg, quer durch den Strafraum, genau an die hintere Torraumlinie.

Toto stand goldrichtig. Er hatte alle Zeit der Welt. Er hätte stoppen und sich die Ecke aussuchen können. Stattdessen versuchte er ein Zaubertor. Er nahm den Ball volley aus der Luft – und jagte ihn weit über das leere Gehäuse ins Aus.

So ein Idiot! Ronny raufte sich die Haare. Er stieß einen enttäuschten Schrei aus, fuhr herum und sah verzweifelt zu Herrn Beckmann, dem Trainer.

Doch der hatte die Szene überhaupt nicht mitbekommen. Er stand neben der Bank hinter der Seitenauslinie und sprach mit einem anderen Mann, der den Kragen seines Trenchcoats hochgeschlagen hatte und eine Art Notizbuch in den Händen hielt. Irgendwie kam der Typ Ronny bekannt vor. Ihm war so, als hätte er ihn schon ein- oder zweimal während der letzten Spiele auf dem Sportplatz gesehen. Aber wer war das? Was wollte er? Wieso redete er mit Herrn Beckmann? Und worüber?

Es musste ein spannendes Thema sein, wenn Herr Beckmann sich vom Spiel ablenken ließ und sogar die dicke Torchance seiner Mannschaft verpasste. So etwas passierte sonst nie!

Erst durch das Raunen der wenigen Zuschauer und Ronnys Schrei war der Trainer aufmerksam geworden. Er beugte sich zur Auswechselbank hinunter und ließ sich von einem der Ergänzungsspieler berichten, was geschehen war.

Der Trainer lachte kurz, schüttelte seinen Kopf und sagte etwas zu dem fremden Mann, wobei er auf die linke Seite zu Toto deutete. Der Mann im Trenchcoat schien sich ebenfalls zu amüsieren, bevor er wieder auf Herrn Beckmann einredete.

Ronny hatte genug Zeit die beiden Männer zu beobachten. Erst jetzt kam der gegnerische Spieler mit dem Ball zurück, der nicht nur über das Tor geflogen war, sondern auch noch über den Maschenzaun, der den Sportplatz eingrenzte.

Der Trainer spürte Ronnys Blicke. Er schob den Ärmel seines Jacketts zurück, blickte auf die Uhr und zeigte Ronny zwei ausgestreckte Finger.

Der Spielmacher verstand: Zwei Minuten also noch.
Das Spiel war so gut wie gelaufen, seine Mannschaft führte mit 3 : 1. Trotzdem – Ronny ärgerte sich, dass Toto die Chance, die Führung weiter auszubauen, so leichtfertig vergeben hatte. Das Spiel war erst zu Ende, wenn der Schiedsrichter abgepfiffen hatte. Bis dahin musste jeder alles geben!
Ronny organisierte die Abwehr. Er rief die Mittelfeldspieler zurück in die eigene Hälfte und forderte seine Mitspieler auf sich noch einmal zu konzentrieren. Aber das war überhaupt nicht nötig, denn es passierte nichts Ungewöhnliches mehr – zumindest nicht während des Spiels. Der Schiedsrichter pfiff auf die Sekunde genau

ab, Ronnys Mannschaft gewann sicher und hochverdient mit 3 : 1.

Doch als Ronny eine halbe Stunde später frisch geduscht die Umkleidekabine verließ, tauchte plötzlich wie aus dem Nichts ein Schatten auf und versperrte ihm den Weg. Abrupt blieb Ronny stehen. Er musste in die grelle Nachmittagssonne blinzeln. Trotzdem erkannte er sofort, wer sich vor ihm aufgebaut hatte: Es war der Mann im Trenchcoat!

Ronny sagte nichts. Er hakte den Daumen der linken Hand in die Tasche seiner Jeans, warf lässig die Sporttasche über die Schulter und schob den Kaugummi von einer auf die andere Seite. Wie der gefürchtete Revolverheld in einem Westernfilm, der in die fremde Stadt reitet und vor dem Saloon von zwielichtigen, schussbereiten Gestalten empfangen wird, blickte er den Mann abwartend an.
Der Mann lächelte. »Guten Tag«, sagte er freundlich. Vielleicht hatte er den Film auch gesehen; zumindest öffnete er seinen leichten Mantel, schob ihn auseinander und sagte grinsend: »Ich bin unbewaffnet.«
Ronny blieb cool. Seine Mundwinkel zuckten zwar kurz, aber er verkniff sich ein Lachen. »Dann ist es ja gut«, murmelte er und schlängelte sich an dem Mann vorbei.
»Du bist doch Ronald, nicht wahr? Ronald Kramer?«, fragte der Mann.
Ronny drehte sich überrascht um. Woher kannte der Typ seinen Namen?! Doch dann dachte er daran, dass der Mann sich ja während des Spiels lange mit dem Trainer unterhalten hatte. Worüber, das wusste Ronny immer noch nicht. Herr Beckmann hatte sich in der Kabine genauso verhalten wie immer und kein Wort darüber verloren. Obwohl – jetzt, wo Ronny darüber nachdachte, kam es ihm so vor, als hätte der Trainer ihn ein paar Mal merkwürdig angesehen. Was hatte das zu bedeuten? Hatten die beiden etwa über ihn geredet?
»Mein Name ist Hanssen«, stellte der Mann sich vor

und hielt schützend eine Hand vor die Augen. Jetzt schien ihm die Sonne direkt ins Gesicht.
»Aha«, sagte Ronny abwartend.
»Ich würde mich gern einen Augenblick mit dir unterhalten«, erklärte der Mann.
»Aha«, wiederholte Ronny. »Und worüber?«
»Das erzähle ich gleich. Aber nicht hier.« Der Mann deutete gen Himmel. »Die Sonne brennt mir sonst noch die letzten Zellen aus dem Hirn. Komm, wir gehen ins Vereinslokal, ich lade dich zu einer Cola ein. Ich verspreche, dass es dir gefallen wird, was ich zu sagen habe.«
»Ich mag keine Cola«, murmelte Ronny abweisend.
»Keine Angst, ich will dich nicht entführen oder so«, lachte Herr Hanssen. »Du brauchst dir keine Sorgen zu machen. Dein Trainer weiß übrigens Bescheid.«
Also doch!, dachte Ronny. Neugierig geworden, folgte er dem fremden Mann zu dem flachen Pavillon direkt neben dem Eingang des Sportplatzes, in dem die Vereinsgaststätte untergebracht war.
Die beiden fanden einen freien Tisch in der hintersten Ecke. Der Tresen war dicht bevölkert, genau wie die meisten Tische, auf denen sich leere Bierflaschen beinahe stapelten und die Aschenbecher überquollen. Am Vormittag hatte die Ligamannschaft ein wichtiges Spiel im Kampf gegen den drohenden Abstieg gewonnen. Die Spieler und ihre Fans feierten den Sieg noch immer.
»Flaschen«, schimpfte Ronny und warf einen verächtli-

chen Blick auf die leicht angetrunkenen, fröhlichen Spieler.

»Was stört dich daran?«, fragte Herr Hanssen. »Sie haben gewonnen – lass sie doch feiern!«

Ronny zuckte mit den Schultern. »Ich weiß nicht«, meinte er. »Ich finde, das ist zu früh. Die haben die ganze Saison gespielt wie die letzten Menschen. Und der Klassenerhalt ist auch noch nicht sicher. Die können immer noch absteigen. Da gibt es doch nichts zu feiern!«

»Alles zu seiner Zeit, was?«, stellte der Mann fest und zog aus der Tasche seines Trenchcoats, den er inzwischen ausgezogen und über den freien Stuhl neben sich gehängt hatte, das kleine, dicke, schwarze Notizbuch, mit dem Ronny ihn am Spielfeldrand gesehen hatte.

»Hast du deswegen vorhin so verärgert reagiert?«

Ronny sah ihn verständnislos an.

»Während des Spiels, meine ich«, erklärte Herr Hanssen, »als der Linksaußen die Chance versiebt hat. Es war kurz vor Schluss, ihr habt 3 : 1 geführt, es konnte nichts mehr anbrennen – aber du hast dich trotzdem aufgeregt.«

Die Kellnerin kam. Ronny bestellte einen Orangensaft und dachte über die Antwort nach.

Sicher, schon bevor Toto die riesige Chance zum 4 : 1 leichtfertig vergeben hatte, war die Begegnung eigentlich entschieden gewesen. Doch wie schnell ein Spiel kippen kann, hatte Ronny im Frühjahr erlebt, beim Endspiel der Champions League. Ungläubig hatte er am Fernseher mit angesehen, wie Bayern München bis kurz vor Schluss mit 1 : 0 führte. Die offizielle Spielzeit war bereits überschritten, die Nachspielzeit lief, als Manchester United tatsächlich noch den Ausgleich erzielte. Und während die bis dahin siegessicheren Bayern schon an eine Verlängerung dachten, fiel sogar noch das 2 : 1 für ManU! Kurz darauf hatte der Schiedsrichter abgepfiffen. Die Bayern lagen auf dem Rasen und heulten bittere Tränen der Enttäuschung. Ronny hatte fassungslos in die flimmernde Kiste gestarrt und sich fest vorgenommen den Ausgang dieses Spieles nie zu vergessen.

Ob der Mann das verstand? Ronny sah ihn an und sagte einsilbig: »Bayern München gegen ManU.«

»Das Champions-League-Endspiel 1999«, antwortete Herr Hanssen wie aus der Pistole geschossen und nickte ein paar Mal wie zur Bestätigung. Er sah Ronny prüfend an, blätterte dann in seinem Notizbuch, bis er die richtige Seite gefunden hatte, und schrieb etwas hinein.

Neugierig schielte Ronny über den Tisch, doch er konnte die eilig hingekritzelten Worte nicht entziffern.

»In diesem Buch stehen die Namen von jungen Fußballspielern«, sagte Herr Hanssen, ohne aufzublicken. »Deiner ist auch dabei.«

Ronny fühlte sich ertappt. Er spürte, wie er rot wurde, und senkte den Blick. Doch plötzlich begriff er, was der Mann eben gesagt hatte. »Wieso steht mein Name in Ihrem Notizbuch?«, fragte er überrascht. »Wer sind Sie überhaupt?«

»Ich . . .«, setzte der Mann zu einer Antwort an, doch er wurde von der Kellnerin unterbrochen, die sichtlich gestresst die Getränke brachte. Er reichte Ronny den Orangensaft, nippte an seinem Bier, stellte das Glas zur Seite und nahm den Faden wieder auf. »Ich bin der Landesbeauftragte für Sportförderung.«

»Ach so«, sagte Ronny und verstand kein Wort.

Der Mann lachte. »So etwas wie ein Talentsucher«, erklärte er. »Allerdings nicht für einen Bundesligaverein, sondern als Angestellter im öffentlichen Dienst, im Auftrag des Innenministeriums . . .« Mitten im Satz stoppte er. Offensichtlich hatte er gemerkt, dass so eine Erklärung für einen Zwölfjährigen viel zu korrekt war.

Tatsächlich hatte Ronny nur das Wort »Talentsucher« verstanden. Aber das genügte vollkommen. Er setzte sich kerzengerade hin und nahm sogar verstohlen den Kaugummi aus dem Mund. Heimlich pappte er die klebrige Masse unter die Tischplatte.

»Weißt du, was ein Sportinternat ist?«, setzte der Mann neu an.

Natürlich wusste Ronny das. Zumindest von den Fußballschulen der berühmten Vereine hatte er schon gehört. Bayern München hatte so ein Fußballinternat, Borussia Dortmund, Ajax Amsterdam und all die großen Vereine. Nur die größten Talente bekamen die Chance in so einer Elite-Sportschule aufgenommen und gefördert zu werden.

Aber – was hatte das mit Ronny zu tun? Wollte der fremde Mann auf der anderen Seite des Tisches etwa andeuten . . .?! Ronnys Gedanken schlugen Purzelbäume. Plötzlich sah er sich selbst im Trikot von Schalke 04. Oder von Werder Bremen, von Hansa Rostock, dem 1. FC Kaiserslautern oder irgendeinem anderen Bundesligaklub.

»Ich sehe, du weißt, wovon ich rede«, sagte Herr Hanssen und holte Ronny aus dem Reich der Träume in die Realität zurück. »Aber wie gesagt, ich bin nicht für einen Bundesligaverein tätig. Was allerdings nicht heißt, dass du kein Fußballprofi werden kannst. Ganz im Gegenteil.« Er lächelte verschmitzt und nannte die Namen von ein paar Spielern, die er als Jugendliche entdeckt hatte und die heute berühmt waren.

Ronny war endgültig verwirrt. Worauf wollte der Mann hinaus?

»Neben den privaten Sportschulen gibt es auch staatliche Sportinternate«, setzte Herr Hanssen zu einer neuen Erklärung an. »Meine Aufgabe ist es, Woche für Woche die Fußballplätze abzuklappern und nach viel versprechenden Talenten Ausschau zu halten, um sie diesen Sportinternaten zu empfehlen. Wir suchen Sportler, die es zu etwas bringen können. Jugendliche, die etwas aus ihrem Talent machen wollen, die echte Sportler sind. So wie du! Mit der richtigen Einstellung und Mumm in den Knochen. Kämpfertypen, die niemals aufgeben...«

Wow, dachte Ronny, während der Mann sich mehr und mehr ereiferte – ich werde Fußballprofi!

Zwei

»Los Kinder, macht schon!« Frau Runge klatschte aufmunternd in die Hände. »In einer halben Stunde kommen unsere Gäste und hier sieht es aus wie in einem Schweinestall.«

»Dann kriegen sie wenigstens gleich den richtigen Eindruck.« Ungerührt starrte Sebastian weiter in den Comic, während die anderen eilig den kargen Aufenthaltsraum verließen.

»Sebastian, bitte«, sagte Frau Runge nachdrücklich.

»Okay.« Der Junge legte den Comic beiseite und erhob sich. »Was soll ich machen?«, fragte er gelangweilt.

»Aufräumen«, schlug Frau Runge vor. »Wie sieht zum Beispiel dein Zimmer aus?«

»Das ist in Ordnung«, sagte Sebastian.

»Gut, dann kannst du das hier unten im Eingang aufhängen.« Frau Runge faltete ein altes Bettlaken auseinander, das mit Plakafarben beschriftet worden war. *Tag der ofenen Tür* stand oben zu lesen, in großen, bunten Buchstaben. Und darunter, nicht ganz so groß, aber ebenso bunt: *Herzlich willkommen.*

Sebastian hielt das Laken hoch. »Das wimmelt ja vor

Rechtschreibfehlern. So etwas Peinliches hänge ich nicht auf.«

Frau Runge betrachtete eingehend den Text, den eine der Schülerinnen in aller Schnelle auf das ausgemusterte Bettlaken geschrieben hatte. Den fehlenden Buchstaben hatte sie bis dahin überhaupt nicht bemerkt.

Sebastian legte das Laken zusammen und wollte sich wieder in seinen Comic vertiefen. Doch so leicht ließ Frau Runge sich nicht austricksen.

»Sei bloß nicht so pingelig!«, entgegnete sie. »Ein einziger, kleiner Fehler, das ist ja wohl nicht so schlimm. Aber wenn du es ändern willst – auf meinem Schreibtisch liegt ein schwarzer Filzstift, den kannst du gern benutzen.«

Noch mehr Arbeit? Sebastian schüttelte den Kopf. »Ist doch halb so wild. Der Fehler fällt bestimmt sowieso keinem auf«, meinte er plötzlich und nahm ergeben das Spruchband.

»Na siehste, geht doch.« Frau Runge zwinkerte Sebastian zu und wollte den Aufenthaltsraum wieder verlassen, als ein kleiner, gedrungener Junge durch die offene Tür stürmte. Um ein Haar hätte er Frau Runge umgerannt.

»'tschuldigung«, sagte er sofort. Er lächelte freundlich und störte sich überhaupt nicht daran, dass dabei einige dunkle Lücken in seinen Zahnreihen sichtbar wurden.

»Tom!«, rief Frau Runge erschrocken. »Mensch, Junge, wie oft hab ich dir schon gesagt, dass du auf dem Flur nicht rennen sollst?!«

»Mindestens fünfzigmal!«, antwortete Tom mit einem treuherzigen Dackelblick. »Aber ich glaub, ich hab das immer noch nicht verstanden.«

Sebastian kicherte und auch Frau Runge konnte sich ein Grinsen nicht verkneifen.

»Vielleicht merkst du es dir ja diesmal«, konterte sie und drückte dem Jungen eine Rolle Bindfaden und eine Schere in die Hand. »Bevor du noch mehr Blödsinn anstellst, kannst du Sebastian helfen.« Energisch scheuchte sie beide Jungs zur Tür hinaus, ließ sich leise seufzend in den Sessel fallen und griff nach Sebastians Comic.

Annemarie Runge hatte erst vor sechs Wochen die Leitung des Sportinternats übertragen bekommen. Obwohl sie mit ihren 31 Jahren noch ziemlich jung war, hatte sie sich gegen viele Mitbewerberinnen um die verantwortungsvolle Stelle durchgesetzt. Sie war sportlich, intelligent, hatte eine Menge neuer Ideen und brachte zudem viel Schwung und Engagement mit. Doch die Arbeit war problematischer und anstrengender, als sie sich vorgestellt hatte.

Frau Grimm, ihre Vorgängerin, hatte das Internat vierzehn Jahre lang mit strenger Hand geführt. Disziplinlosigkeit hatte die alte Leiterin nicht geduldet. Wer nicht mitzog und nicht jede Sekunde an sich arbeitete oder sich erlaubte, Gedanken an andere Dinge zu verschwenden als an den Sport, wurde hart bestraft. Die Jugendlichen hatten Frau Grimm gehasst und gefürchtet zugleich. Auch das Jugendamt, das für das Internat zuständig war, hatte Probleme mit der Leiterin gehabt.

Doch Frau Grimms gnadenlose Erziehungsmethoden hatten Erfolg: Das Sportinternat gehörte zu den besten im Land und brachte viele Spitzensportler hervor. Also schwiegen die Behörden und die Jugendlichen lernten zu kuschen. Schließlich waren aber doch alle erleichtert gewesen, als Frau Grimm in den Ruhestand ging und Frau Runge kam.

Von dem Tag an hatte sich das Leben im Internat grundlegend geändert. Die jugendlichen Bewohner hatten schnell spitzgekriegt, dass die Neue mit ganz anderen Methoden arbeitete: Miteinander reden statt zu strafen, eigenverantwortlich denken und handeln statt diszipliniert zu gehorchen – so hatte Frau Runge sich das Zusammenleben mit den sportbegeisterten Jugendlichen vorgestellt.

Auch sie hatte mit ihrer Methode Erfolg. Allerdings anders als gewünscht: Nach nur einer Woche herrschte im Sportinternat das Chaos! Die Zimmer verdreckten, bis

spät in die Nacht dröhnte aus mindestens fünf CD-Playern die unterschiedlichste Musik über die Flure. Morgens schliefen die Bewohner lieber aus und schwänzten den Unterricht, nachmittags und abends hingen sie vor dem Fernseher oder trieben sich in der Stadt herum und stopften sich die Bäuche bei McDonald's voll anstatt zum Training zu gehen.

Die Beschwerden der Trainer, Lehrer und auch der Eltern, die ihre Kinder kaum noch wieder erkannten, häuften sich. Zunächst hatte Frau Runge ihre Schützlinge verteidigt. Sie verstand, dass sie sich erst einmal aus-

toben wollten, nachdem sie jahrelang fast wie in einem Gefängnis gelebt hatten.

Doch schließlich musste die Leiterin zugeben, dass sie und ihre Mitarbeiter die Jugendlichen nicht mehr im Griff hatten. Alles Reden brachte nichts, selbst das Androhen von Strafe blieb erfolglos: Die Jugendlichen waren wie eine Herde wild gewordener Affen und machten, was sie wollten.

Erst als es die ersten Niederlagen gab, wurden die siegesgewohnten Sportler nachdenklich. Eine Vollversammlung wurde einberufen, deren Sinn Frau Runge erst erklären musste, weil die Meinung der Jugendlichen unter der Herrschaft von Frau Grimm niemanden interessiert hatte. Am Anfang redete nur Frau Runge. Doch bald verflog die Unsicherheit der Bewohner. Schließlich trauten sich sogar einige Kritik zu üben und Wünsche zu äußern, wie das Leben im Internat verbessert werden könnte.

Am Ende der Versammlung erklärten sich die Jugendlichen bereit wieder zum Training und in die Schule zu gehen. Im Gegenzug kündigte Frau Runge an sich in den Sommerferien ein neues Konzept zu überlegen, in dem die Wünsche und Bedürfnisse, aber auch die Pflichten aller berücksichtigt werden sollten.

Am nächsten Tag hängte sie »Wunsch- und Meckerkästen« auf, in die in den folgenden Tagen viele eng beschriebene Zettel gesteckt wurden. Das Leben im Internat normalisierte sich wieder. Aber anstrengend blieb die Arbeit trotzdem.

»Ach, hier sind Sie!«, wurde Frau Runge von einer Stimme aus den Gedanken gerissen. Sie schnupperte. Der Duft frisch gekochten Kaffees stieg ihr in die Nase und zauberte ein Lächeln auf ihr Gesicht. Wunderbar. Das war genau, was sie jetzt brauchte, um für den Tag fit zu werden.

»Ich hab Sie schon gesucht«, sagte Frau Dombrowski, die dienstälteste Erzieherin im Internat. »Kommen Sie, ich habe Kaffee gekocht.«

»Man riecht's!«, schwärmte Frau Runge. Sie legte den Comic zurück auf den Tisch und ging zu der kleinen Küche, in der auch die Mitarbeiterbesprechungen stattfanden. Vor ihrem Platz in der Ecke gleich neben dem Fenster stand schon ein Becher mit dampfendem Kaffee bereit. Frau Runge setzte sich und trank vorsichtig ein paar Schlucke. »Oh ja, das tut gut«, seufzte sie zufrieden.

»Jaja«, strahlte die Kollegin, »auch wenn die ganze Welt zusammenbricht – für eine gute Tasse Kaffee ist immer Zeit, nicht wahr?«

»Na, ich weiß nicht«, zweifelte Frau Runge. Die Momente, in denen sie sich einfach mal entspannen konnte, waren selten im Internatsalltag. Alle Augenblicke passierte etwas.

Wie zur Bestätigung polterte, klirrte und schepperte es plötzlich. Einen Augenblick später dröhnte ein derber Fluch über den Flur in die Küche.

Die beiden Mitarbeiterinnen sahen sich an.

»Markus?!«, vermutete Frau Runge.

Frau Dombrowski nickte. »Klar, wer sonst.«
Die Leiterin erhob sich. »Lassen Sie nur, ich geh schon. Sind Sie so lieb und stellen mir den Kaffee warm?« Ohne eine Antwort abzuwarten, verließ sie die Küche und eilte über den langen Flur.
Die Zimmertüren auf beiden Seiten des langen Ganges wurden aufgerissen, neugierig steckten die Jungs ihre Köpfe heraus. Mit kurzen, geübten Blicken registrierte Frau Runge, dass die meisten Zimmer keineswegs aufgeräumt waren. Darum kümmere ich mich später, nahm sie sich vor – als sie einzelne, dicke Blutstropfen entdeckte, die vom Duschraum bis zu Markus' Zimmer führten.
»Markus!«, schrie Frau Runge auf und rannte die letzten Meter in rekordverdächtiger Zeit über den Flur.
Der Junge lag auf seinem Bett. Er war kreidebleich, hatte die linke Hand zur Faust geballt und schimpfte wild fluchend vor sich hin. Der rechte Arm hing wie leblos herunter. Aus einer Wunde in der Hand tropfte ununterbrochen das Blut.
»Markus! Was ist passiert?!«
»Natascha, im Waschraum«, stöhnte der Junge. »Die blöde Schnepfe! Dumme Pute! Dämliche Kuh!«
»Ganz ruhig, Markus.« Frau Runge eilte zum Wäscheschrank und suchte den Erste-Hilfe-Kasten, den sie schließlich zwischen den Socken fand.
Sie nahm mehrere Packen mit Verbandszeug heraus, setzte sich zu Markus auf das Bett, nahm vorsichtig seinen Arm hoch, säuberte die Wunde, so gut es ging, und

wickelte einen provisorischen Verband um seine Hand.

»Wir haben sie!«, schrie plötzlich eine triumphierende Stimme.

Frau Runge fuhr herum. Sieben, acht Jungs drängelten sich durch die Türöffnung. Sie hielten ein Mädchen fest, das wild um sich schlug.

»Rico! Malte! Lasst sofort Natascha los!«

Die Jungs befolgten den Befehl. Doch sie stellten sich dicht an dicht nebeneinander in die Tür, um dem Mädchen keine Chance zur Flucht zu geben.

»Rico, du läufst zu Frau Dombrowski. Sag ihr, dass Markus verletzt ist und die Wunde wahrscheinlich genäht werden muss. Sie soll sofort einen Krankenwagen rufen. – Und ihr anderen geht auf eure Zimmer und räumt auf! In zehn Minuten ist alles blitzblank. Verstanden?«

Murrend und nur zögernd zogen sich die Jungs zurück, während Rico loswetzte, als ginge es um die Junioren-Europameisterschaft.

»Ihr sollt auf eure Zimmer verschwinden, hab ich gesagt«, wiederholte Frau Runge. »Natascha, du bleibst hier! – Und ihr macht die Tür zu!«, rief sie den Jungs hinterher.

Die Tür wurde angelehnt. Dahinter hörte sie die Jungs tuscheln. Doch die Internatsleiterin hatte keine Zeit sich darum zu kümmern. Markus stöhnte vor Schmerzen. Auf seiner Stirn bildeten sich kleine Schweißperlen. Frau Runge strich ihm vorsichtig über die Haare.

»Ganz ruhig, Junge«, sagte sie sanft.

»Es tut mir Leid«, flüsterte Natascha. »Das wollte ich nicht.«

Frau Runge deutete mit dem Kopf auf den Schreibtischstuhl. »Setz dich!«, forderte sie das Mädchen auf. »Und dann erzählt ihr mir, was passiert ist.«

»Ich war im Duschraum«, berichtete Markus mit stockender Stimme. Er biss sich auf die Lippen, kniff die Augen zusammen und wartete, bis der aufkommende, heftige Schmerz in seiner Hand wieder etwas nachließ. »Ich wollte mir gerade die Zähne putzen, als . . . na ja, plötzlich tauchte Natascha auf und . . .«

Der Junge wand sich. Es war ihm deutlich anzusehen, dass er außer mit den Schmerzen auch mit seiner Verlegenheit kämpfte. »Ich hab mich halt erschrocken und bin irgendwie weggerutscht. Ich wollte mich noch am Waschbecken festhalten. Dabei hab ich das Glas umgeworfen. Es ist runtergefallen – klirr! – und ich fass voll in eine Scherbe . . . na ja, so ist das eben passiert.«

»Was machst du denn mit einem Glas im Waschraum?«, fragte Frau Runge verwundert.

»Ich hab meinen Zahnputzbecher nicht gefunden, da habe ich ein normales Glas genommen«, erklärte Markus kleinlaut.

»Junge, Junge, du machst vielleicht Sachen . . .«, seufzte Frau Runge. »Und weswegen hast du dich erschreckt? Nur, weil du Natascha gesehen hast? Das verstehe ich nicht.«

»Ja, also . . .«, stotterte Markus mit knallrotem Kopf. Er gab sich einen Ruck: »Natascha war . . . sie hatte . . . – sie kam aus der Dusche!«

»Was?!« Frau Runge fuhr herum. Erst jetzt fiel ihr auf, dass das Mädchen feuchte Haare hatte.

»Ich bin sofort wieder in der Duschkabine verschwunden, als ich Markus entdeckt hab«, verteidigte sich Natascha. Doch kleinlaut fügte sie hinzu: »Da war es allerdings schon zu spät.«

»Wieso duschst du bei den Jungs? Was hast du überhaupt hier unten zu suchen?«, fragte die Internatsleiterin.

»Bei uns waren alle Duschen besetzt«, sagte Natascha leise. Es tat ihr offensichtlich wirklich Leid, dass Markus sich verletzt hatte.

Frau Runge musste sich zusammenreißen, um nicht laut über die Situation zu lachen. Sicher, im Internat galten strenge Regeln. Eine der wichtigsten war die räumliche Trennung zwischen Jungs und Mädchen. Die Jungs, die

in die siebte und achte Klasse gingen, hatten ihre Zimmer im dritten Stock, während die der Mädchen eine Etage höher lagen. Sie durften sich zwar gegenseitig besuchen, doch spätestens ab 21:00 Uhr musste sich jeder auf seiner Etage aufhalten. Andererseits trainierten in vielen Sportarten Jungs und Mädchen gemeinsam und duschten hinterher auch zusammen. Bei auswärtigen Wettkämpfen übernachteten sie manchmal sogar im selben Raum.

Offensichtlich fanden die meisten Sportler nichts dabei, wie auch die Zettel zeigten, die zu dem Thema im Wunschbriefkasten gelegen hatten. Einer stammte aus Nataschas Feder.

Die Internatsleiterin betrachtete das Mädchen unauffällig. Natascha war fast dreizehn Jahre alt. Sie hatte lange, gerade Beine, einen durchtrainierten, sportlichen Körper mit nicht zu übersehenden weiblichen Rundungen, ein hübsches Gesicht und kurze Stoppelhaare, deren Farbe fast jede Woche wechselte. Im Moment waren sie moosgrün. Natascha schien zu wissen, wie sie auf Jungs wirkte, obwohl sie sich selbst anscheinend noch nicht sehr viel aus ihnen machte. Der sportliche Erfolg in der Leichtathletik war ihr bisher immer wichtiger gewesen.

Frau Runge war überzeugt, dass Natascha den Jungen nicht absichtlich verlegen gemacht hatte. Markus war ein großes Kind, trotz seiner vierzehn Jahre. Er war ein guter Boxer, ein durchschnittlicher Schüler – und ein unheimlicher Pechvogel! Wenn etwas Ungewöhnliches passierte, war Markus meistens darin verwickelt. Zuletzt war er vor einem halben Jahr im Krankenhaus gewesen. Er hatte versucht mit einem Flummi eine Fliege an der Wand zu treffen. Der kleine, harte Ball verfehlte zwar sein Ziel, doch er prallte von der Wand ab und flog mit hoher Geschwindigkeit gegen Markus' Kopf. Der Junge fiel in Ohnmacht und erwachte erst wieder im Krankenhaus – mit einer schweren Gehirnerschütterung. Sechs Wochen musste er beim Training pausieren, trotzdem war er norddeutscher Meister in seiner Klasse geworden. Allerdings fiel er jetzt schon wieder aus. Mit dieser Verletzung konnte er bestimmt nicht trainieren.

Zum Glück beginnen nächste Woche die Sommerferien, dachte Frau Runge.

»Du kannst gehen, Natascha«, sagte sie. »Aber das Thema ist noch nicht durch. Verstanden?«

Das Mädchen nickte und verließ das Zimmer.

Frau Runge wollte sich gerade wieder Markus zuwenden, als sie ein Martinshorn hörte. Sie stand vom Bett auf und ging zum Fenster. »Der Krankenwagen kommt«, sagte sie und beobachtete einen PKW mit Hamburger Kennzeichen, der von der Hauptstraße abbog und dem Rettungswagen auf dem schmalen Weg zum Parkplatz des Internats hinterherfuhr. »Oje«, seufzte die Internatsleiterin, »und die ersten Gäste sind auch schon da!«

Drei

»Ich glaube, wir sind gleich da. Nächste rechts«, sagte Ronny. Er saß auf dem Beifahrersitz, mit der aufgeklappten Landkarte auf den Beinen, und studierte die Wegbeschreibung.
Plötzlich ertönte eine Sirene direkt hinter ihnen. Ronnys Vater nahm den Fuß vom Gaspedal und fuhr rechts heran. Ein Unfallwagen raste vorbei. Keine fünfzig Meter weiter leuchteten die Bremslichter rot auf und der Rettungswagen bog in eine schmale Seitenstraße.
»Fährt der etwa zu dem Sportinternat?!«, fragte Ronnys Mutter auf der Rückbank. »Mein Gott, Günther, hältst du es wirklich für richtig, dass der Junge dorthin soll?«
Der Vater sah in den Rückspiegel, brummte etwas Unverständliches und fuhr wieder an, dem Unfallwagen hinterher.
»Günther, ich habe dich etwas gefragt.« Ronnys Mutter ließ nicht locker. »So weit weg von Zuhause! Muss das denn wirklich sein?«
»So weit ist das doch gar nicht«, mischte Ronny sich ein.
Die Mutter warf einen flüchtigen Blick auf ihre Uhr.
»Fast drei Stunden Fahrt – na, ich danke.«
Ronny zeigte seine Armbanduhr. »Übertreib nicht, Ma-

ma! Wir sind gerade mal gut zwei Stunden unterwegs«, korrigierte er. »Um Viertel vor sieben sind wir losgefahren, jetzt ist es gleich neun.«

»Zwei Stunden oder drei – das macht doch keinen Unterschied«, meinte die Mutter. »Günther, jetzt sag doch auch mal was!«

Der Vater sah wieder in den Rückspiegel, bedachte seine Frau mit einem verzweifelten Blick und lenkte stumm seufzend den Wagen zum Parkplatz des Sportinternats.

»Wir sind da«, sagte er, bremste und stellte den Motor aus.

»Günther . . .!«

Ronny stieß die Tür auf, stieg aus, streckte sich und lief ein paar Schritte.

»Wir haben doch über alles gesprochen«, hörte er seinen Vater sagen. »Wir sehen uns das Internat erst einmal an. Wer weiß, vielleicht gefällt es Ronny hier ja gar nicht.«

»Aber es ist so weit weg . . .«, wiederholte die Mutter. »Und dann der Krankenwagen . . . – ich weiß wirklich nicht, ob das hier das Richtige ist.«

»Du hast doch gehört, was Herr Hanssen gesagt hat«, rief der Vater den Besuch des Talentspähers bei ihnen zu Hause in Erinnerung. »Ronny ist ein guter Sportler. Er könnte Profi werden, wenn er richtig trainiert und gefördert wird.«

»Ja, aber . . .«

»Nichts ›aber‹«, unterbrach der Vater. Langsam wurde er böse. »Du machst dir Sorgen um Ronny? Dann denk mal darüber nach, was aus ihm werden soll! In der heutigen Zeit, bei der Jugendarbeitslosigkeit! Wenn er es wirklich schafft und Fußballprofi wird, hat der Junge ausgesorgt.«

»Und wenn er es nicht schafft?«, zweifelte die Mutter immer noch.

»Dann werden wir weitersehen.« Der Vater schlug einen versöhnlicheren Ton an, um seine Frau zu beruhigen. »Ronny wird hier ja nicht nur trainieren, sondern auch zur Schule gehen. Und die soll sehr gut sein. Na ja, und wenn alle Stricke reißen, kann er immer noch einen Beruf erlernen. Hier ist es bestimmt einfacher als in Hamburg, einen Ausbildungsplatz zu finden. Herr Hanssen hat doch erwähnt, dass einige Firmen als Sponsoren eng mit dem Internat zusammenarbeiten.«

»Sicher«, sagte die Mutter, doch ihre Stimme klang wenig überzeugt. Mit skeptischem Blick betrachtete sie das etwas heruntergekommene mehrstöckige Haus, in dem das Internat untergebracht war. »Glaubst du wirklich, dass unser Sohn sich hier wohl fühlt?«

»Unserem Herrn Sohn tut es vielleicht mal ganz gut, für eine Weile von Zuhause weg zu sein«, entgegnete der Vater. Seine Stimme klang plötzlich wieder ungewöhnlich scharf. »Du hast ihn doch viel zu sehr verwöhnt.«

»Natürlich, jetzt kriege ich wieder die Schuld«, brauste die Mutter auf.

Scheiße, jetzt geht das Streiten schon wieder los, dachte Ronny, schob die Hände in die Hosentaschen und lehnte sich an einen windschiefen, aus einfachen Brettern zusammengenagelten Zaun, der den Parkplatz von einem kaum gepflegten Rasen abgrenzte. Er stellte die Ohren so gut es ging auf Durchzug und betrachtete das große, klotzige Gebäude auf der anderen Seite der Wiese. Es war mindestens hundert Jahre alt und sah nicht besonders einladend aus. Ronny hielt die Nase in den leichten Wind, der von dem Gebäude herüberwehte: Es roch unverwechselbar nach Schule.

Ronny verzog das Gesicht und wollte auf dem schmalen Weg weiterwandern, der vom Parkplatz weg- und offensichtlich auf das Internatsgelände führte.

Doch sein Vater hielt ihn zurück. »Komm, Junge, sehen wir uns das Internat mal an«, rief er mit einer leicht zitternden Stimme.

Ronny drehte sich ahnungsvoll um. Seine Eltern standen nicht nebeneinander. Zwischen ihnen klaffte eine Lücke, ein Riesenloch.

Der Vater versuchte zu lächeln. »Halb so schlimm, Junge«, sagte er. »Nur ein kleiner Streit. So was kommt in den besten Familien vor. Ist schon wieder vergessen.«

Ronny sah seine Mutter an. Ihre Mundwinkel flatterten. In den Augen standen Tränen, die sie mühsam herunterschluckte. Von wegen »nur ein kleiner Streit«! Da war überhaupt nichts vergessen! Jeder einzelne der vielen Streits in den letzten Wochen und Monaten stand der Mutter ins Gesicht geschrieben.

Verdammt, fluchte Ronny stumm. Er hatte es so satt. Er

konnte das alles nicht mehr ertragen: das Schreien des Vaters, das Keifen der Mutter, die lautstarken Auseinandersetzungen, das eisige Schweigen danach.

»Komm, Junge. Nichts wird so heiß gegessen, wie es gekocht wird«, zitierte der Vater einen seiner geliebten Sprüche. »Wir werden uns doch von so einer kleinen Meinungsverschiedenheit nicht den ganzen Tag verderben lassen, oder?!«

Ronny tauchte ab, bevor der Vater ihm den Arm um die Schulter legen konnte, und eilte voraus, an zwei Jungs vorbei, die vor dem Eingang standen und zufrieden das Spruchband begutachteten, das sie soeben am Vordach befestigt hatten.

»Das Ding hängt schief«, grantelte Ronny, als er an den beiden vorbeimarschierte.

»Wie bist du denn drauf?«, fragte der größere Junge belustigt.

Ronny zog die große Glastür auf. »Und außerdem wird ›offenen‹ mit zwei ›f‹ geschrieben.«

»Was für ein Arsch«, stellte Sebastian fest.

»Es tut mir Leid«, flötete Ronnys Mutter, die gerade die beiden Jungs passierte. »Ich entschuldige mich für meinen Sohn. Ihr dürft ihm nicht böse sein. Er ist ein guter Junge.«

Tom und Sebastian sahen sich verwundert an.

»Sag mal, Renate, spinnst du?« Ronnys Vater schüttelte fassungslos den Kopf. Er riss energisch die Tür auf und schob seine Frau in die Eingangshalle.

»Heiliger Dreck!«, stöhnte Tom. »Der Typ ist nicht nur

ein Arschloch, sondern auch noch ein Muttersöhnchen. Hoffentlich kommt der nicht zu uns!«

»Da kannst du drauf wetten«, war Sebastian überzeugt und betrachtete wieder das Spruchband. »Vielleicht sollten wir das doch ausbessern«, sagte er nachdenklich. »Den Fehler sieht jeder Volltrottel sofort!«

»Quatsch!« Tom tippte sich an die Stirn. »Wir sind nun mal keine Eliteschule für Sprachgenies, sondern ein Sportinternat.«

»Da hast du Recht«, stimmte Sebastian ihm zu. »Außerdem ist es besser, wenn jeder gleich sehen kann, dass bei uns solche gehirnamputierten Typen wie du rumlaufen!«

»Was?! Aber ich hab das doch gar nicht geschrieben!«, schrie Tom. Mit geballter Faust rannte er Sebastian hinterher, an Ronny und seinen Eltern vorbei.

Idiotenpack, dachte Ronny, der die beiden heimlich beobachtet hatte.

»Vorsichtig, Jungs!«, rief die Mutter, als die beiden Jungs schon längst im Treppenhaus verschwunden waren. »Seid doch nicht so wild!«

Ronny zuckte zusammen. Mann, war das peinlich!

»Bitte, Renate, jetzt reiß dich zusammen, ja?«, hörte er seinen Vater zischen und sah aus den Augenwinkeln, wie er die Mutter am Unterarm fasste und durch die riesige, aber spärlich, fast ärmlich ausgestattete Empfangshalle führte.

Es gab keine Grünpflanzen, keine Sessel, Bänke oder andere Sitzmöglichkeiten. Nichts, was fröhlich stimmte oder darauf hindeutete, dass hier Kinder und Jugendliche lebten. Nur die breite Glastür, die hohen Wände, die vielleicht einmal weiß gewesen waren, und zwei Telefonzellen, die verloren in einer Ecke des Raumes standen. Na toll, dachte Ronny entsetzt und folgte seinen Eltern missmutig zu dem Empfangstresen, hinter dem ein Mann in Uniform hockte und die drei mit einem mürrischen Blick musterte.

»Guten Tag«, sagte Ronnys Vater freundlich. »Wir sind gekommen, um uns das Internat anzusehen.«

»Name?«, knurrte der Uniformierte einsilbig.

»Kramer«, antwortete der Vater und registrierte stirn-

runzelnd, dass der Mann hinter dem Empfangstresen begann eine Art Ausweis auszustellen.

»Vorname?«

»Günther«, antwortete der Vater. »Aber . . . was soll das?«

»Sicherheitsgründe«, murmelte der Uniformierte. Er deutete mit dem Daumen auf ein Schild, das an der Hemdtasche befestigt war und auf dem *Carsten Hartmann, Security* zu lesen war. »Das bin ich«, sagte der

Mann und fragte Ronnys Mutter: »Und wie ist Ihr Vorname?«

»Meine Frau heißt Renate und das ist unser Sohn Ronald«, stellte der Vater vor. »Aber mich interessiert vielmehr, was Sie mit ›Sicherheitsgründe‹ meinen.«

»Ach, Sie glauben ja gar nicht, was hier manchmal für Gestalten rumlaufen«, antwortete Herr Hartmann in einem fast gleichgültigen Ton, ohne die Arbeit an den Ausweisen zu unterbrechen. »Und erst die Jugendlichen! Was meinen Sie, wie oft schon jemand abhauen wollte. Manchmal kommt auch einer erst spät in der Nacht heim und versucht unbemerkt auf seinem Zimmer zu verschwinden. Heimlich, natürlich. Da heißt es aufpassen! Aber an mir und meinen Kollegen kommt niemand vorbei.«

»Gestalten?«, fragte Ronnys Mutter mit leichenblassem Gesicht. »Was denn für Gestalten?!«

»Na ja«, sagte der Security-Mann. Er legte die fertigen Tagesausweise auf den Tresen und lehnte sich in seinem Sessel zurück. »Vor ein paar Wochen, da haben wir zum Beispiel einen erwischt. So einen Fiesen, ganz Hinterhältigen. Der hatte . . .«

»Herr Hartmann!«, unterbrach ihn eine tiefe, männliche Stimme. »Erzählen Sie schon wieder Schauermärchen?« Der Uniformierte fuhr erschrocken hoch. »Ach, Sie sind es, Herr Reimann«, atmete er erleichtert auf, als er den Mann erkannte, der unbemerkt das Internat betreten hatte. »Nee«, sagte er und hob beschwichtigend die Hände, »ich hab kein Sterbenswörtchen verraten.«

»Es gibt überhaupt nichts zu verraten«, sagte der Mann. Er sah den Security-Mann strafend an und wendete sich dann Ronnys Mutter zu. »Machen Sie sich keine Sorgen, die Jugendlichen sind hier in den allerbesten Händen. Diese Sicherheitsleute haben nur einen äußerst merkwürdigen Humor.«

»Na ja, wenn Sie meinen«, murmelte der Uniformierte. »Ich weiß jedenfalls, was ich weiß.«

»Es reicht, Herr Hartmann«, sagte der Mann knapp und stellte sich Ronny und den Eltern vor. »Mein Name ist Reimann. Ich bin Jugendtrainer beim SV Löwenstein. Wir sind, wie Sie vielleicht wissen, gerade in die Zweite Fußball-Bundesliga aufgestiegen. Unser Verein arbeitet schon sehr lange mit dem Sportinternat zusammen. Und sehr erfolgreich! – Sie kommen zum Tag der offenen Tür? Dann nehme ich Sie gleich mit hoch. Frau Runge, die Internatsleiterin, erwartet die Besucher im dritten Stock.«

Herr Reimann nahm die Tagesausweise vom Tresen und führte Ronny und seine Eltern zu einem wenig Vertrauen erweckenden Fahrstuhl. Der Aufzug knirschte und knackte, doch er schaffte es sicher bis zur dritten Etage. Ruckelnd öffneten sich die Türen – und Ronnys Mutter zuckte zusammen. Genau vor ihrer Nase standen zwei Sanitäter. Auf der Trage zwischen ihnen lag ein Junge, der nicht viel älter war als Ronny. Seine Hand war in einen weißen Mullverband gewickelt. Doch in der Innenhand sickerte schon wieder das Blut durch.

»Entschuldigen Sie«, sagte der erste Sanitäter. »Würden

Sie bitte den Aufzug verlassen? Der Junge muss schnellstens ins Krankenhaus.«

»In den besten Händen, ja?!«, giftete Ronnys Mutter den Fußballtrainer an und schoss aus dem Fahrstuhl.

Herr Reimann hob die Schultern, kniff die Lippen zusammen und sah Hilfe suchend zu Herrn Kramer.

»Nun ja«, sagte Ronnys Vater vermittelnd, »es sind halt Jungs. Da passiert schon mal was.«

»Genau«, sagte Herr Reimann erleichtert.

Ronny starrte den verletzten Jungen an, der den Daumen seiner gesunden Hand hob und ihm etwas gequält zulächelte, bevor sich die Türen des Aufzugs geräuschvoll schlossen. Erst jetzt wurde ihm richtig bewusst, dass er hier war, um sich sein neues Zuhause anzusehen. Gedankenverloren schlich er seinen Eltern und dem Trainer hinterher.

Die Jugendlichen hatten ganze Arbeit geleistet. Der Aufenthaltsraum strahlte vor Sauberkeit. Die Tische waren gedeckt, Kerzen brannten, obwohl die Morgensonne durch das Fenster schien. In der Luft hing das Aroma frisch gekochten Kaffees.

Frau Runge begrüßte die Besucher, stellte sich vor und fragte nach Ronnys Namen. »Ach, der Fußballspieler«, sagte sie freundlich. »Na, das passt ja. Wenn du Fragen hast – Herr Reimann kann dir alles erklären.«

Sie wechselte ein paar Worte mit Ronnys Eltern und verkündete, dass noch weitere Interessenten erwartet wurden, weshalb sie alle wichtigen Informationen später bekannt geben würde. Die Internatsleiterin schlug vor, dass die Gäste mit dem extra für sie hergerichteten Frühstück doch schon beginnen sollten – und verließ den Aufenthaltsraum, um sich mit ihrer Kollegin zu besprechen.

»Soso, du bist also der Ronny«, sagte der Trainer, während die Mutter Kaffee einschenkte. »Ich hab schon viel von dir gehört.«

Ronny schreckte aus seinen Gedanken und sah Herrn Reimann überrascht an.

»Von Herrn Hanssen«, erklärte der Trainer. »Er kam beinahe ins Schwärmen, als er dich empfohlen hat. Nun, wir werden ja sehen, was du draufhast.«

»Muss ich etwa ein Probetraining machen?«, fragte Ronny. »Ich habe gar keine Sportsachen mitgenommen.«

»Ein Probetraining? Nein.« Herr Reimann schüttelte den Kopf. »Was dein fußballerisches Können anbelangt, da verlassen wir uns ganz auf unseren Talentspäher. Schließlich hat er dich oft genug beobachtet. Aber ob du zu uns passt, rein menschlich betrachtet, das ist eine ganz andere Frage.« Er lachte. »Na ja – natürlich müssen wir auch zu dir passen. Schließlich sollst du dich ja wohl fühlen, wenn du hier wohnst. Hast du dich schon umgesehen?«

»Nein«, antwortete Ronny. Er hatte das Gefühl, dass die Frage keine Frage war, sondern eine Aufforderung. Also stand er auf und ging, ohne ein weiteres Wort zu sagen, hinaus.

Viel zu sehen gab es nicht. Ein langer, dunkler Gang mit vielen Türen, die fast alle geschlossen waren. Schräg gegenüber dem Aufenthaltsraum stand eine offen. Ronny spähte hinein. Es war eine kleine Küche, in der sich Frau

Runge mit einer anderen Frau unterhielt. Sie bemerkten ihn nicht. Ziellos schlich er weiter.

Plötzlich wurde eine Tür aufgerissen. Ein Junge stürmte heraus, knallte sie hinter sich ins Schloss – und blieb abrupt stehen, als er Ronny entdeckte. Er legte den Kopf schief und musterte ihn neugierig.

»Hi, ich bin Patrick«, sagte er schließlich. »Bist du neu?«

Ronny nickte und zuckte gleichzeitig mit den Schultern. »Weiß noch nicht«, murmelte er.

»Ist echt cool hier«, rief Patrick begeistert. Er holte einen Schlüssel aus der Hosentasche und deutete auf die Tür zu seinem Zimmer. »Willst du mal sehen?«

»Von mir aus«, sagte Ronny. Allerdings fragte er sich, wofür Patrick den Schlüssel brauchte.

Patrick schien seine Gedanken zu ahnen. »Die Tür hat ein Schnappschloss. Du musst jedes Mal aufschließen, wenn du draußen warst. Ist aber besser so. Seit jeder seinen eigenen Schlüssel hat, ist nichts mehr geklaut worden«, erklärte er ungefragt und öffnete die Tür.

Ronny blieb im dunklen Flur stehen und blickte in das Zimmer. Es war nicht besonders groß, aber es hatte einen Balkon und sah hell, freundlich und wunderbar unaufgeräumt aus.

Nur eines wunderte Ronny: »Wieso sind in dem Zimmer *zwei* Betten und *zwei* Schreibtische?«

»Na, weil es Doppelzimmer sind«, sagte Patrick, als sei es das Selbstverständlichste von der Welt. »Aber ich wohne schon seit einem halben Jahr allein.«

Ronny schluckte. Er hatte keine Geschwister und musste sein riesiges Zimmer zu Hause mit niemandem teilen. Er konnte sich überhaupt nicht vorstellen zu zweit in so einem kleinen Zimmer zu wohnen. Das würde er nicht mitmachen. Niemals!

»Ich will jetzt los«, sagte Patrick, zog die Tür vor Ronnys Nase zu und holte einen Tischtennisschläger hervor, den er unter dem T-Shirt in den Hosenbund gesteckt hatte. »Im Keller stehen ein paar Platten. Kommst du mit?«

Ronny schüttelte den Kopf. »Nee, ich muss gleich wieder zu den anderen. Frau Runge will uns alles zeigen, wenn alle da sind.«

Patrick musterte ihn, dachte einen Moment nach und flüs-

terte dann geheimnisvoll: »Ich muss dir auch was zeigen. Los, komm mit!« Bereitwillig folgte Ronny dem Jungen den Gang entlang, bis sie am anderen Ende vor dem Fenster stehen blieben. »Da unten, der See – siehst du ihn?«
»Natürlich«, antwortete Ronny.
»Der gehört zum Internat«, erklärte Patrick. »Man kann darin baden, angeln und Boot fahren. Einfach klasse, sag ich dir. Letztes Jahr hab ich eine Baumhöhle entdeckt, direkt am Ufer. Dort findet mich niemand.« Er senkte seine Stimme: »Von da aus kann man heimlich die Mädchen beobachten.«
»Mädchen?«, fragte Ronny überrascht. »Beobachten?«
»Ja«, raunte Patrick. Seine Augen glänzten. »Aber das darfst du niemandem verraten, es ist ein Geheimnis.«

»Versprochen«, flüsterte Ronny. Seine Hände waren plötzlich vor Aufregung ganz feucht.

Patrick sah ihn prüfend an. »Vielleicht nehme ich dich nach den Sommerferien mal mit«, sagte er dann.

»Oh ja, bitte!«

»Vielleicht, hab ich gesagt«, schränkte Patrick ein. »Wie heißt du überhaupt?«

»Ronny!«, rief eine Stimme von der anderen Seite des Flures.

»Das bin ich«, sagte Ronny. »Mein Vater ruft mich.«

»Na dann – tschüss«, verabschiedete sich Patrick, »bis nach den Ferien.« Er öffnete die Tür zu dem zweiten, kleineren Treppenhaus und lief, ohne sich noch einmal umzudrehen, hinunter zum Tischtennisraum im Keller.

»Bis dann«, murmelte Ronny und machte sich auf den Weg zurück zum Aufenthaltsraum.

Vier

»So, das war's«, sagte Ronnys Vater. »Der große Augenblick ist gekommen.« Er stellte die Sporttasche neben den Koffer und der Reisetasche auf den Parkplatz, überprüfte noch einmal, ob er nichts liegen gelassen hatte, wuchtete die Kofferraumklappe ins Schloss und drehte sich zu seinem Sohn um.
Sekundenlang sahen sich die beiden an, stumm und bewegungslos.
»Na, komm schon her!«, brach der Vater das Schweigen.
Ronny stürzte in seine Arme.
»He, du wirst doch jetzt nicht etwa anfangen zu heulen?!«, rief der Vater mit gespielter Empörung.
»Quatsch«, schluchzte Ronny und schluckte tapfer die Tränen herunter.
»Dazu hast du auch gar keinen Grund.« Der Vater befreite sich aus der Umarmung. »Mensch, wenn ich früher so eine Chance gehabt hätte! Ich war auch ein guter Sportler, weißt du. Aus mir hätte etwas werden können. Aber dann . . .«
». . . habt ihr mich bekommen«, unterbrach Ronny und fügte mit bitterer Miene in Gedanken hinzu: Und statt zu studieren und fünfmal die Woche zu trainieren,

musstest du arbeiten, um die Familie zu ernähren. Armer Papa.

Der Vater senkte schuldbewusst den Kopf. Ronny hatte in den zurückliegenden Sommerferien in dem Hotelzimmer direkt neben dem seiner Eltern gewohnt. Es war sehr warm in Italien gewesen, selbst in den Nächten. Der Vater musste wissen, dass Ronny durch die offenen Fenster mit angehört hatte, wie er im Streit Ronnys Mutter vorwarf, dass die ungeplante Geburt des Kindes seine ganzen Zukunftspläne zunichte gemacht hatte.

»Ich bin froh, dass alles so gekommen ist«, sagte der Vater leise. »Deine Mutter und ich haben uns immer noch lieb, auch wenn wir uns manchmal streiten. Und ich bin stolz auf dich, mein Sohn!« Er packte Ronny und drückte ihn fest an sich.

»Ich weiß, Papa«, flüsterte Ronny und ließ der Sintflut, die aus seinen Augen schoss, freien Lauf.

Minutenlang standen Vater und Sohn eng umschlungen auf dem Parkplatz neben dem Wagen. Bis der Vater die Umarmung löste und zwei Taschentücher aus der Packung nestelte.

»Nicht alle Wünsche im Leben gehen in Erfüllung«, sagte er und schnäuzte sich. »Für mich war der Weg zum Fußballprofi verbaut. Aber du, Ronny, du kannst es schaffen. Streng dich an, Junge! Das hier« – er deutete mit einer ausladenden Armbewegung auf das Internatsgelände – »ist eine riesengroße Chance, die nur wenige bekommen. Nutze sie! Versprichst du mir, dass du dich anstrengen wirst?«

Ronny zögerte. Er freute sich auf das Internat. Während der gesamten Sommerferien hatte er an kaum etwas anderes gedacht und kribbelig vor Aufregung auf den heutigen Tag gewartet. Trotzdem blieben ein paar Zweifel.

»Damit das klar ist«, erklärte der Vater. »Dein Zuhause ist und bleibt in Hamburg. Du kommst, sooft du willst. Außerdem kannst du jederzeit anrufen. Und ich verspreche dir: Wenn es dir hier absolut nicht gefällt, hole ich dich sofort nach Hause. Aber ich möchte, dass du dich zumindest bemühst. Sei freundlich zu den Leuten, dann sind sie es auch zu dir.«

»Ja, Papa«, sagte Ronny. »Ich werde dich bestimmt nicht enttäuschen.«

Der Vater nickte zufrieden. Er klopfte seinem Sohn auf-

munternd auf die Schultern und zog einen Hundert-Mark-Schein aus der Hemdtasche.
»Hier, mein Junge, das wird wohl fürs Erste reichen«, sagte er und drückte Ronny das Geld in die Hand.
»Danke«, murmelte Ronny.

Der Vater holte zwei Briefumschläge aus der Innentasche seines Jacketts und gab Ronny den ersten. »Hierdrin ist eine Vollmacht, damit du ein Konto bei einer Bank eröffnen kannst«, sagte er. »Wie das geht, hab ich dir erklärt. Denk dran, dass du mir die Kontonummer gibst, damit ich dein Taschengeld überweisen kann.«
»Okay.«
»Und der hier ist von deiner Mutter.« Der Vater wedelte mit dem zweiten Umschlag und lachte. »Wahrscheinlich ist da auch Geld drin.«
Hoffentlich nicht nur, dachte Ronny und nahm das Kuvert. Deutlich konnte er den Geldschein ertasten. Aber außerdem steckte auch noch ein Brief in dem Umschlag.
»Du verstehst doch, dass deine Mutter nicht mitgekommen ist?«, fragte der Vater. »Du kennst sie ja, sie hätte die ganze Zeit nur geweint und uns verrückt gemacht. So ist es bestimmt für alle besser.«
»Ja, sicher«, sagte Ronny knapp. Er ließ seine Gedanken wandern, weit weg, 250 Kilometer weit, bis nach Hamburg. In seine Straße, in die Wohnung, in die Küche, in der seine Mutter jetzt wahrscheinlich saß und . . .
»Es wird Zeit«, holte der Vater ihn aus der Gedankenwelt zurück.
»Schon?!« Ronny erschrak, doch er versuchte sich nichts anmerken zu lassen.
»Na ja . . .« Der Vater warf einen Blick auf die Uhr, sah Ronny an, hob die Arme – und ließ sie wieder sinken. »Aber wenn du willst, kann ich noch mit hochkommen.«
Ronny schüttelte den Kopf.

»Schaffst du das Gepäck allein?«

»Klar«, sagte Ronny. Er umarmte seinen Vater, hängte die Sporttasche um den Hals, schnappte sich den Koffer und die Reisetasche und ging zum Eingang des Sportinternats. Hinter sich hörte er die Wagentür klappen und den Motor starten. Doch erst als er die Tür erreicht hatte, drehte er sich noch einmal um, stellte den Koffer ab und winkte, bis der Vater auf die Bundesstraße abgebogen und nicht mehr zu sehen war.

Ronny atmete tief durch und ließ seinen Blick schweifen. Gegenüber lag das Schulgebäude in sonntäglicher Stille. Auch die vielen unterschiedlichen Sportanlagen, die sich an das Schulgelände anschlossen, waren verwaist. Nur auf einem der Basketballfelder trugen ein paar ältere Jugendliche ein Match aus. Ein leichter Wind ließ die Blätter an den Bäumen rascheln, ein Vogel saß zwitschernd auf dem Holzzaun in der Sonne und von der Bundesstraße weiter unten war hin und wieder das monotone Brummen vorbeifahrender Autos zu hören.

Das ist also mein neues Zuhause, dachte Ronny und wusste einen Moment lang nicht, ob er jetzt froh oder traurig war. Doch schnell spürte er, dass er keine Lust hatte Trübsal zu blasen, stieß schwungvoll die Glastür mit seinem Hintern auf und stiefelte entschlossen in das Gebäude.

Sein Elan hielt nicht lange an. Hinter dem Empfangstresen thronte Herr Hartmann! Ronny hatte den mürrischen Sicherheitsmann mit seinen unheimlichen Andeutungen nicht vergessen. Besonders wohl war ihm nicht zu Mute. Am liebsten wäre er geradeaus durchmarschiert, bis zum Fahrstuhl. Aber wie sollte er am Tresen vorbeikommen? Herr Hartmann hatte ihn doch schon längst bemerkt.

»Sei freundlich zu den Leuten, dann sind sie es auch zu dir«, klang die Stimme seines Vaters in seinen Ohren. Kann ja nicht schaden, dachte Ronny und grüßte mit einem Lächeln auf den Lippen. »Guten Tag, Herr Hartmann.«

Der Security-Mann hinter dem Empfangstresen musterte ihn zwei, drei Sekunden, die sich wie Lichtjahre hinzogen.

»Ronald Kramer, genannt ›Ronny‹«, sagte er dann.

Ronny war erstaunt, dass der Mann seinen Namen noch wusste. Dabei hatten am Tag der offenen Tür mindestens hundert Jungen und Mädchen das Internat besichtigt. Die meisten nur aus Interesse oder Neugier, nicht, um hier zu wohnen. Sieben Wochen war das jetzt her und Herr Hartmann hatte ihn an dem Tag nur einmal gesehen. Denn als Ronny und seine Eltern am späten Nachmittag das Internat verließen, hatte er schon Feierabend gehabt und ein anderer Sicherheitsmann hatte die Tagesausweise wieder eingesammelt.

»Du kannst durchgehen«, sagte Herr Hartmann.

»Bekomme ich keinen Ausweis?«, fragte Ronny.

»Brauchst du nicht mehr«, sagte er und tippte sich auf die Schädeldecke. »Du bist hier drin gespeichert.«

»Ach«, sagte Ronny verblüfft und machte sich auf den Weg zum Aufzug.

Der alte Fahrstuhl ruckelte und knackte noch immer. Irgendetwas schleifte an der Außenwand. Der Aufzug

müsste dringend repariert werden, dachte Ronny und war heilfroh, als sich im dritten Stock die Türen öffneten. Schwer bepackt schleppte er sich durch den halbdunklen Gang bis zum Büro von Frau Runge. Er ließ seine Taschen und den Koffer fallen, klopfte, stieß die Tür auf und knallte sich die Fingerspitzen der linken Hand an die Schläfe.
»Sir, Internatsschüler Ronald Kramer meldet sich zur Stelle, Sir«, schnarrte er wie die Soldaten in dem Film, den er vor ein paar Tagen auf Video gesehen hatte.
Doch seine korrekte Meldung, die jeden General begeistert hätte, war vergeblich. Niemand antwortete. Stattdessen hörte Ronny Schritte hinter sich. Er flog auf dem Absatz um, riss erneut den Arm hoch und schrie: »Sir, Internatsschüler Ronald Kramer . . .«

»Lass den Quatsch!«, unterbrach Frau Runge ihn unwirsch. »Wir sind doch hier nicht beim Militär.«
»Sir, Entschuldigung, Sir!«
»Was ist denn mit dir los? Hast du in den Ferien zu viel Sonne gekriegt?«
»Sir, nein, Sir!«
»Ronny, es reicht! Wenn du mich noch ein einziges Mal ›Sir‹ nennst, schmeiß ich dich achtkantig wieder raus«, drohte die Internatsleiterin.
»Oh«, machte Ronny, klappte den Mund zu und schaffte es gerade noch, den »Sir«, der ihm schon auf der Zunge lag, wieder herunterzuschlucken.
»Du bist vielleicht eine Nummer!« Frau Runge sah ihn skeptisch an, dann schmunzelte sie plötzlich und ging ein paar Schritte auf ihn zu.
Ronny gab ihr höflich die Hand, machte eine tiefe Verbeugung – und kam grinsend wieder hoch.
»Sag mal, ein bisschen spinnst du schon, oder?«, lachte Frau Runge. Sie wuschelte ihm zur Begrüßung über die stoppeligen Haare und blickte sich suchend um. »Wo sind deine Eltern?«
Schlagartig wurde Ronny wieder ernst. »Mama ist zu Hause geblieben. Sie hat sich nicht wohl gefühlt«, schwindelte er. »Und Papa musste gleich wieder los.«
»Ach so?« Frau Runge wirkte nachdenklich.
»Das ist schon okay«, sagte Ronny so gleichgültig wie möglich.
»Na ja, du bist ja auch kein kleines Kind mehr«, versuchte die Internatsleiterin ihm eine Brücke zu bauen.

»Ja, genau ... sicher«, murmelte Ronny und starrte an Frau Runge vorbei auf einen winzigen Fleck an der Wand.
»Wie sieht's aus – hast du Durst?«, unterbrach Frau Runge das Schweigen, das für ein paar Momente geherrscht hatte, und nahm seinen Koffer. »Komm mit in die Küche!«
Ronny schnappte sich seine beiden Taschen und folgte ihr.
»Oder willst du lieber erst das Zimmer sehen, das wir für dich ausgesucht haben?«
»Oh ja!«, rief er gespannt.
Frau Runge ging voraus, an der Küche vorbei, stoppte vor einer verschlossenen Tür und zog einen Schlüssel aus der Tasche ihrer Jeans. »Du bekommst nachher deinen eigenen Schlüssel«, erklärte sie. »Achte darauf, dass du immer abschließt, wenn du das Zimmer verlässt, verstanden?«
Ronny sah sie verwundert an. Wieso war sie vor dieser Tür stehen geblieben? Er hatte bei der Besichtigung deutlich gemacht, dass er ein eigenes Zimmer haben wollte und das auch auf dem Anmeldebogen, den er noch vor den Sommerferien ausgefüllt hatte, angekreuzt und dick unterstrichen. Verdammt, was sollte das?! Dieses Zimmer gehörte doch ...
»Ronny, ich habe dich etwas gefragt.«
»Ist das nicht ... Patricks Zimmer?«, fragte er statt eine Antwort zu geben.
»Ja«, sagte die Internatsleiterin und sah ihn verständnislos an. »Das heißt, ab jetzt gehört es euch natürlich gemeinsam. Ihr habt euch doch schon kennen gelernt. Ich

hatte den Eindruck, dass ihr euch ganz gut versteht. Patrick freut sich jedenfalls schon riesig auf dich.«

Ronny spürte einen dicken Kloß in seinem Hals. Er schluckte und schluckte, aber das verdammte Ding wollte einfach nicht verschwinden.

»Junge, was hast du denn?«, fragte Frau Runge.

»Ich . . . ich . . .«, stotterte Ronny und platzte heraus: »Ich wollte doch ein eigenes Zimmer haben!«

»Ich weiß«, sagte Frau Runge. »Aber das geht nicht. Darüber habe ich doch schon mit deinen Eltern am Telefon gesprochen. Haben sie dir nichts gesagt?«

Ronny biss sich auf die Lippen und senkte den Kopf.

»Scheiße! Das ist so typisch! Und an mir bleibt wieder alles hängen«, zischte die Internatsleiterin fast lautlos. Sie sah Ronny mitleidig an und drückte seinen Arm. »Tut mir Leid«, sagte sie leise, »ich dachte, du wüsstest Bescheid.«

Ronny wusste nicht, wie ihm geschah. Wütend machte er sich los.

»Ich will aber ein eigenes Zimmer! Das hat Papa mir versprochen!« Trotzig stampfte er mit dem Fuß auf dem Boden auf.

Frau Runge sah ihn überrascht an. »Aber Junge, das geht nicht.«

»Doch!«, schrie er. »Ich will ein eigenes Zimmer!«

»Ronny, jetzt hör mir mal zu: Es gibt keine Einzelzimmer mehr. Für niemanden.« Frau Runge sprach so ruhig wie möglich und ging einen Schritt auf ihn zu.

Ronny wich zurück. Er stieß mit dem Rücken gegen die

Wand, fuhr erschrocken herum und drehte seinen Kopf langsam wieder nach vorn. Sein Gesicht war wutverzerrt, er ballte die Faust.

»Junge, mach keinen Blödsinn! Warum bist du bloß so wütend?«, fragte Frau Runge.

Eine Zimmertür wurde aufgerissen, Sebastian steckte seinen Kopf heraus. »Ach herrje, das Muttersöhnchen«, stöhnte er theatralisch.

»In zwei Sekunden hast du dich in Luft aufgelöst!«, herrschte Frau Runge ihn an.

»Schon gut«, sagte Sebastian beschwichtigend und zog seinen Kopf zurück.

»Mach die Tür zu!«, rief Frau Runge, wartete, bis Sebastian ihre Anweisung befolgt hatte, und wandte sich wieder Ronny zu. »Gibt es irgendwelche Probleme?«, fragte sie ihn.

»Nein!«, zischte er. »Außer, dass ich ein Zimmer für mich allein haben will.«

»Ja, das habe ich verstanden. Aber deswegen allein bist du nicht so wütend«, entgegnete die Internatsleiterin. »Du bist auf deinen Vater sauer, stimmt's?«

Ronny antwortete nicht.

Er presste die Zähne aufeinander, die Wangenknochen mahlten.

»Oder bist du vielleicht doch ein bisschen traurig, dass deine Mutter nicht mitgekommen ist?«, vermutete Frau Runge.

»Das geht Sie gar nichts an!«, schrie Ronny.

»Komm, Junge, beruhige dich!« Frau Runge öffnete die Tür. »Wir gehen jetzt in dein Zimmer und reden in aller Ruhe über alles. Einverstanden?«

»Das ist nicht mein Zimmer!«, brüllte Ronny. »Ich will ein eigenes – oder gar keins!«

Frau Runge zuckte mit den Schultern. »Tut mir Leid, das ist nicht möglich.«

»Dann hau ich eben wieder ab.« Ronny warf den Riemen der Reisetasche über die Schulter, klemmte die

Sporttasche unter den Arm, packte den Koffer und kämpfte sich durch den Gang zurück zum Aufzug.

»Ronny! Sei vernünftig!«, rief Frau Runge ihm hinterher.

»Lassen Sie ihn doch abhauen!«, drang Sebastians Stimme dumpf durch die geschlossene Tür. »So einen können wir hier sowieso nicht gebrauchen.«

Frau Runge stemmte ihre Hände in die Hüften. »Sebastian Sommer! In zehn Minuten kontrolliere ich das Zimmer. Und wenn es nicht picobello aufgeräumt ist, gnade dir Gott. Das Gleiche gilt für Tom!«

»Ich? Wieso ich denn?«, war Toms Stimme zu hören. »Ich bin doch gar nicht da!«

»Tom, du bist und bleibst ein Trottel«, lachte Frau Runge. Doch schnell wurde sie wieder ernst. »Keine Diskussion mehr! Ihr räumt sofort auf! Und dabei könnt ihr über euer Verhalten nachdenken.« Sie horchte an der geschlossenen Tür, und als von drinnen keine Widerrede kam, machte die Internatsleiterin kehrt und lief Ronny hinterher.

Sie erreichte ihn im Treppenhaus. Er saß zusammengesunken auf den Stufen und starrte in den offenen Aufzug. Frau Runge lehnte sich an die Wand und rutschte an ihr hinunter, bis sie genau vor seiner Nase hockte, stützte ihren Ellenbogen auf die Knie, parkte den Kopf in den Händen – und wartete.

Ronny starrte an ihr vorbei. Hunderttausende Gedanken schossen gleichzeitig kreuz und quer durch seinen Schädel und keinen einzigen bekam er zu fassen. Er

dachte an seine Mutter, seinen Vater, an Hamburg, an die alte Mannschaft, die Schule, seine Klasse, die Freunde, sein Zimmer, sein eigenes, riesengroßes wunderbares Zimmer . . .!

»Lass dir Zeit!«, sagte Frau Runge leise.

Ronny zuckte, fuhr hoch und sah sie überrascht an, als hätte er sie erst jetzt bemerkt. Doch sofort sackte er wieder in sich zusammen.

»Da haben wir beide wohl keinen so besonders gelungenen Start hingelegt, oder?«, meinte die Internatsleiterin.

Ronny lachte kurz auf und schüttelte den Kopf.

»Warum bist du nicht abgehauen?«, fragte Frau Runge. »Der Fahrstuhl steht doch offen.«

Ronny zuckte mit den Schultern. »Weiß nicht. Vielleicht . . .?«
Frau Runge schüttelte den Kopf. »Keine Chance. Es gibt wirklich keine Einzelzimmer mehr«, machte sie seine Hoffnungen zunichte.
»Ich hab aber immer mein eigenes Zimmer gehabt!«, brauste Ronny erneut auf.
Frau Runge erhob sich und sah auf ihn hinunter. »Jetzt reiß dich mal langsam zusammen!«, sagte sie bestimmt, aber immer noch freundlich. »Ich kann verstehen, dass du enttäuscht oder wütend bist. Aber so schlimm ist es nun auch wieder nicht, mit einem anderen Jungen das Zimmer zu teilen, dass du so einen Affentanz aufführen musst.«
Sie streckte ihre Hand aus und half ihm auf die Beine. »Ich schlage vor, dass du es einfach einmal ausprobierst. Patrick ist wirklich nett. Außerdem ist er noch gar nicht da. Er kommt erst heute Nachmittag aus den Ferien zurück. Bis dahin hast du das Zimmer für dich ganz allein.« Sie nahm wieder seinen Koffer. »Na, was ist? Willst du es nicht wenigstens versuchen?«
Ronny dachte nach und nickte schließlich. »Na gut. Aber . . .«
»Nur versuchen«, sagte Frau Runge und marschierte los.
Ronny blieb nichts anderes übrig als seine Taschen zu nehmen und ihr zu folgen. Zögernd, beinahe schüchtern betrat er Patricks Zimmer. Im Gegensatz zum ersten Mal war es sehr aufgeräumt und sauber. Fast sah es

so aus, als würde hier niemand wohnen. Das wird nie mein Zuhause, dachte er, ließ die Taschen einfach mitten im Raum fallen, ging zu dem breiten Fenster und sah hinaus.

Frau Runge stellte seinen Koffer vor die beiden Kleiderschränke hinter der Tür. »Du kannst den hier benutzen«, sagte sie und klopfte auf eine der Türen. »Außerdem gehört dir der Schreibtisch dort und das da ist dein Bett.«

»Okay«, murmelte Ronny, ohne sich umzudrehen.

Frau Runge bemerkte es nicht. »Na, dann richte dich erst einmal häuslich ein.«

Sie stand unschlüssig im Türrahmen, mit der Klinke in der Hand, und wartete auf eine Reaktion. Doch Ronny sagte nichts.

»Gut, dann lass ich dich jetzt allein! Ich hoffe, du wirst dich hier wohl fühlen.« Frau Runge zog die Tür zu.

Das leise, schnappende Geräusch verriet ihm, dass die Internatsleiterin gegangen war. »Da kannst du lange drauf warten«, murmelte Ronny, drehte sich um – und gähnte. Ein plötzliche Müdigkeit überfiel ihn. Er schlurfte zu dem Bett, das am nächsten stand, und ließ sich hineinfallen, kickte die Schuhe von den Füßen und zog die Bettdecke bis über die Ohren. Morgen haue ich wieder ab, war das Letzte, was er dachte, bevor er einschlief.

Fünf

»He, das ist mein Bett!«
Eine kichernde Stimme drang an Ronnys Ohr. Etwas Schweres legte sich auf seine Schulter und rüttelte ihn.
»Komm, wach auf!«, war die Stimme erneut zu hören. »Das gibt's ja nicht, da pennt der Typ einfach in meinem Bett. Los, wach endlich auf!«
Wieder dieses Rütteln. Warum hört das nicht auf?, dachte Ronny. Er murmelte etwas Unverständliches, rieb sich das Gesicht, gähnte und reckte sich, öffnete schließlich die Augen – und sah in ein Gesicht, das ihm irgendwie bekannt vorkam.
»Hi, kannst du dich noch an mich erinnern?«, sagte das Gesicht freundlich. »Ich bin Patrick.«
»Wieso weckst du mich?«, knurrte Ronny ihn an. »Ich hab gerade so schön geschlafen.«
»Nun, dafür gibt es mehrere Gründe.« Patrick ging zum Fenster, öffnete es zum Lüften und zeigte hinaus. »Es ist vier Uhr nachmittags, die Sonne strahlt vom blauen Himmel und schreit danach, dass wir rausgehen und ich dir die Umgebung zeige. Außerdem findet in einer Stunde eine Vollversammlung statt. Na ja, und last, but not least: Du liegst in *meinem* Bett!«

»Wenn das alles ist«, meinte Ronny, wälzte sich aus den Federn und schlurfte schlaftrunken zu dem Bett auf der anderen Seite des Zimmers. Im Vorbeigehen nahm er die Flasche Wasser mit, die auf dem Tisch stand.
»Das ist meine«, sagte Patrick, »aber bedien dich ruhig!«
»Danke«, murmelte Ronny. Er setzte sich auf das Bett, drehte den Verschluss der Flasche ab und trank sie in einem Zug halb leer, wartete einen Moment und gab einen tiefen Rülpser von sich.
»Sau«, sagte Patrick grinsend.
Ronny zuckte mit den Schultern, stellte die Flasche auf den Boden und ließ sich zu-

rückfallen. Sekunden später fuhr er ruckartig wieder hoch. »Verdammt, wo bin ich?!«

»Du bist auf der Erde«, antwortete Patrick. »Genau genommen befinden wir uns in Deutschland, exakt 1.136 Schritte vom Ortseingangsschild nach Löwenstein entfernt. Diese wunderschöne Stadt hatte bei der letzten Volksschätzung rund 246.000 Einwohner und ist neuerdings auch bekannt durch den gleichnamigen Sportverein Löwenstein, der in der kommenden Saison in der Zweiten Bundesliga für Furore sorgen wird. Falls du dich für Fußball interessierst.«

Ronny starrte Patrick zweifelnd an. »Du spinnst, oder?«

»Keinesfalls, das sind alles Fakten«, sagte Patrick fröhlich. »Des Weiteren kann ich dich darüber informieren, dass wir heute Sonntag haben. Die Außentemperatur beträgt 26° Celsius und es ist jetzt auf die Sekunde genau . . . 16 Uhr 09. Das bedeutet, dass wir noch einundfünfzig Minuten Zeit haben, bis die Vollversammlung beginnt.«

»Sag mal, quatschst du immer so viel?«

»Nö«, gab Patrick zur Antwort, »nur, wenn ich zu lange bei meinen Eltern war. Da komme ich nämlich nie zu Wort. Na ja, und wenn ich dann wieder hier bin, hab ich immer so eine Art Nachholbedarf und sülz alle Leute voll. Ist wohl so ein Tick von mir. Aber keine Angst, in ein paar Tagen ist das wieder vorbei.«

»Ach so«, sagte Ronny vollkommen verwirrt.

»Noch fünfzig Minuten.«

»Noch fünfzig Minuten – und dann?«

»Na, dann beginnt die Vollversammlung.«
»Was denn für eine Vollversammlung?«
»Eine kleine. Es gibt die große, an der alle teilnehmen, die im Internat wohnen, und eben die kleine, nur für uns«, erklärte Patrick. »Die nachher ist eine . . .«
»Eine kleine, ja, ich weiß!«, unterbrach Ronny.
»Ui, ganz schön clever«, lachte Patrick.
»Verarschen kann ich mich alleine«, murmelte Ronny.
»Ach komm, stell dich nicht so an! Steh lieber auf! Es gibt noch eine Menge, was du nicht weißt. Aber das erzähle ich dir alles draußen. Dabei kann ich dir auch gleich die Gegend zeigen.«
»Keine Lust«, grummelte Ronny.
Patrick ignorierte Ronnys schlechte Laune. Er sammelte einen von Ronnys Schuhen auf und warf ihn quer durch das Zimmer. »Los, anziehen«, sagte er. »Wo ist denn der zweite?«
Ronny zuckte gleichgültig mit den Schultern. Patrick suchte und entdeckte ihn halb unter einem der Schränke liegend. Er ging hin, um ihn zu holen, und stolperte dabei fast über den riesengroßen Koffer.
»Du hast ja noch gar nicht ausgepackt?!«, staunte er und kickte gegen den Schuh, sodass der über den glatten Boden schlitterte, genau bis vor Ronnys Füße.
»Das lohnt sich auch nicht«, sagte Ronny, während er automatisch den zweiten Schuh anzog. »Ich verschwinde nämlich bald wieder von hier. Spätestens morgen.«
»In echt?« Patrick schien überrascht. »Warum?«
»Das geht dich gar nichts an«, sagte Ronny kurz.

»Das finde ich aber doch, schließlich wohnen wir auf einem Zimmer«, meinte Patrick. Er war ein wenig enttäuscht, weil er sich auf Ronny gefreut hatte. Aber ein Zimmerkumpan, der fliehen wollte, war auch nicht schlecht. Wer weiß, vielleicht kommt sogar die Polizei und verhört mich, dachte Patrick und nahm sich fest vor Ronny auf keinen Fall zu verraten. Selbst wenn er gefoltert werden sollte! »Weißt du schon, wo du hinwillst?«

Ronny schüttelte den Kopf. Er war sich noch nicht einmal sicher, ob er wirklich abhauen wollte. Und wenn, hatte er keine Ahnung, wohin. Nach Hause, zu seinen Eltern, konnte er nicht, das war klar. Schließlich hatte er seinem Vater versprochen sich zu bemühen und ihn nicht zu enttäuschen.

»Ich habe eine Idee«, flüsterte Patrick aufgeregt. Er lief zu seinem Schreibtisch und holte den Schulatlas aus der Schublade. »Sag mal 'ne Zahl«, forderte er Ronny auf.

»Wieso?«

»Los, sag schon 'ne Zahl.«

»Siebzehn Millionen, dreihundertfünfundsechzigtausend ...«

»Nicht so hoch«, stöhnte Patrick. »Eine zwischen eins und hundertachtzig.«

Ronny überlegte und sagte schließlich: »Hundertneun.«

»Okay, dann wollen wir mal sehen«, murmelte Patrick. Er schlug im Atlas die Seite 109 auf, schloss die Augen und tippte blind mit dem Zeigefinger auf irgendeine Stelle. »Wow, Ghana«, verkündete er. »Das liegt in Afrika. Gar nicht schlecht, da finden sie dich bestimmt nicht so schnell.«

»Du hast doch'n Knall«, war Ronny überzeugt. »Wie soll ich denn nach Afrika kommen? Und was soll ich da?«

»Stimmt«, gab Patrick zu. »Für Afrika bist du viel zu weiß, da fällst du sofort auf. Los, sag eine andere Zahl!«

»Nein, hör auf mit dem Blödsinn! Das ist doch Kinderkram.« Ronny ärgerte sich, dass er sich verplappert hatte. Wenn er wirklich von hier verschwinden wollte, dann musste das heimlich geschehen. Aber jetzt hatte er bereits den ersten Mitwisser. Hoffentlich konnte der dichthalten?!

»Tja, dann weiß ich auch nicht . . .« Patrick legte den Atlas zurück in den Schreibtisch. »Warum willst du überhaupt abhauen? Hast du mit jemandem Ärger gehabt?«

»Ja, irgendwie schon«, murmelte Ronny.

»Los, sag schon!«, drängelte Patrick. »Vielleicht kann ich dir helfen?!«

Oh ja, das kannst du, dachte Ronny. Zieh einfach nur aus diesem Zimmer aus! Er warf Patrick einen feindseligen Blick zu, stand wortlos vom Bett auf und ging auf den Balkon.

»Na ja, muss ja auch nicht sein«, meinte Patrick und folgte Ronny nach draußen. Er erklärte ihm, was es alles vom Balkon aus in der Umgebung zu entdecken gab, und ließ sich überhaupt nicht davon stören, dass Ronny nur mit einem Ohr zuhörte. Er hörte erst auf zu reden, als Sebastian klopfte und die beiden zur Vollversammlung rief.

»Oh, ist es schon so spät?«, rief er überrascht und grinste Ronny an. »Ich hab dich ja gewarnt: Ein paar Tage dauert meine Sabbelkrankheit bestimmt noch. Hoffentlich hältst du es so lange aus?!«

Ronny zuckte wieder nur gleichgültig mit den Schultern. Er schob Patrick beiseite, kletterte in das Zimmer zurück und wollte sich wieder hinlegen.

»Stopp!«, hielt Patrick ihn davon ab. »Die Vollversammlung!«

»Da gehe ich nicht hin.«

»Musst du aber. Die Vollversammlungen sind Pflicht«,

erklärte Patrick. »Wenn du ohne besonderen Grund fehlst, können sie dich rausschmeißen.«

»Oh«, machte Ronny erschrocken und folgte Patrick, nachdem der das Zimmer abgeschlossen hatte, den Gang entlang. Erst als sie den großen Aufenthaltsraum erreicht hatten, fiel ihm ein, dass ihm eigentlich gar nichts Besseres passieren konnte als rausgeschmissen zu werden. Aber da war es bereits zu spät.

»Kommt schnell rein!«, wurden sie von Frau Runge empfangen. »Wir wollen anfangen.«

Die beiden setzten sich auf die letzten freien Stühle direkt vor der Tür. Ronny sah sich erstaunt um. Der Raum war brechend voll. Mehr als zwanzig Jungs hockten auf allem, was irgendwie zum Sitzen geeignet war. Sogar auf der Fensterbank hatten einige Platz gefunden. Doch es waren nicht nur Jungs anwesend.

»Was machen die denn hier?«, fragte er Patrick flüsternd.

»Wer? Die Mädchen?«, fragte Patrick zurück.

Ronny nickte.

»Das hab ich doch vorhin schon erklärt«, raunte Patrick. »In der kleinen Vollversammlung treffen sich alle, die in die siebte und achte Klasse gehen, also wir Jungs vom dritten Stock und die Mädchen aus dem vierten. Capito?«

Ronny nickte, aber er sah nicht besonders begeistert aus. Auch das noch, dachte er, Mädchen!

Patrick sah deutlich, dass Ronny etwas missfiel. »Was ist«, fragte er skeptisch, »hast du etwa was gegen Mädchen?«

Fast alle hatten Patricks Frage gehört, obwohl er sie sehr leise gestellt hatte.

»Nein, natürlich nicht«, versuchte Ronny zu antworten, doch er kam nicht dazu.

Sebastian schlug zu. Er hatte nur auf den richtigen Moment gewartet, um Ronny eins auszuwischen. Seit der ersten Begegnung am Tag der offenen Tür konnte er ihn nicht leiden. »Der Typ mag nur eine«, krähte er dazwischen: »Seine . . .«

»Sebastian!« Frau Runge war aufgesprungen. Sie stemmte die Arme in die Hüften und funkelte den Jungen aus wütenden Augen an. »Was hab ich dir vorhin gesagt? Ein einziger dummer Spruch und du fliegst raus!«

Sebastian zuckte erschrocken zurück. Er kniff die Lippen zusammen, um nicht doch noch »Mama« zu sagen. Erst im allerletzten Moment hatte er den rettenden Einfall. »Seine Freundin, wollte ich sagen. Der Typ mag nur seine Freundin.«

Er atmete unmerklich tief durch und ließ sich zurücksinken. Verdammt, das war knapp. Frau Runge verstand in solchen Dingen keinen Spaß, die hätte ihn wirklich rausgeschmissen. Und das wäre kein guter Start in das neue Schuljahr gewesen!

»Stimmt das?«, fragte Patrick gespannt. »Du hast eine Freundin?«

Die anderen Jungs und Mädchen im Raum sahen Ronny an. Vor allem einige Mädchen musterten ihn besonders interessiert.

Ronny spürte ihre Blicke und wusste nicht, was er antworten sollte. Es war nicht unangenehm, plötzlich so im Mittelpunkt zu stehen. Er dachte an Maren aus der Parallelklasse in Hamburg, mit der er beinahe zusammen gewesen wäre, wenn er sich nur getraut hätte sie anzusprechen und antwortete laut genug, damit es jeder hören konnte: »Ja.«

Für einen Moment war es totenstill, nur das Ticken der Uhr über der Tür war zu hören. Doch dann kreischte plötzlich ein Mädchen los, zwei fingen an zu kichern und die anderen steckten ihre Köpfe zusammen und begannen aufgeregt miteinander zu tuscheln.

Die Jungs reagierten etwas cooler. Die meisten lehnten sich zurück, verschränkten die Arme und betrachteten Ronny abschätzend, wobei keine Regung in ihren Gesichtern verriet, was sie dabei dachten.

Nur Patrick zeigte deutlich, dass er stolz war sein Zimmer mit einem wie Ronny zu teilen. Er selbst träumte häufig davon, eine Freundin zu haben, doch wenn er eine hätte, würde er das nie offen zugeben. Nie!

Er knuffte seinem neuen Mitbewohner auf die Schulter, zwinkerte ihm zu und gab ihm zu verstehen, dass er jetzt wusste, warum Ronny unbedingt wieder verschwinden wollte: aus Liebeskummer.

Dasselbe dachte auch Frau Runge und war erleichtert. Sie wusste zwar aus eigener Erfahrung, dass es nicht schön war, Liebeskummer zu haben – aber sie wusste auch, dass er vorüberging! Im Kopf der Internatsleiterin erloschen einige Alarmlämpchen, die wegen Ronnys auffälligem Verhalten bei seiner Ankunft dunkelrot geglüht hatten.

Vielleicht entging ihr deshalb, dass Sebastian Ronny unentwegt anstarrte. Freu dich nicht zu früh!, stand deutlich in seinem Gesicht geschrieben – meine Rache wird noch kommen!

Frau Runge klatschte ein paar Mal in die Hände, wartete, bis sich die Unruhe etwas gelegt hatte, und verkündete, dass nun endlich die Vollversammlung beginnen sollte. Als erster Punkt auf der Tagesordnung nach der Begrüßung war vorgesehen, dass Ronny als einziger Neuer im dritten Stock sich vorstellen sollte.

Ronnys schlechte Laune kehrte schlagartig zurück. Sosehr er es genoss, im Mittelpunkt zu stehen, so sehr hasste er es, vor so vielen anderen zu reden. Er zierte sich, doch die anderen drängten ihn, bis er schließlich nachgab.

»Ich heiße Ronny«, murmelte er.

»Lauter!«, rief einer von der Fensterbank.

»Ich heiße Ronny!«, schrie er zurück.

»Ach so«, sagte der andere, »das wusste ich ja schon.«

Ein paar lachten. Ronny nahm einen neuen Anlauf.

»Ich bin dreizehn«, sagte er – und musste schon wieder stoppen, weil Frau Runge »Na?« rief und ihn amüsiert ansah.

»Okay, noch bin ich zwölf«, korrigierte er sich, »aber im November werde ich dreizehn. Ich komme aus Hamburg und mein Lieblingsfach in der Schule ist die große Pause.«

Jetzt lachten alle und Ronny freute sich insgeheim, dass er den Spruch, den er vor einiger Zeit in einem Film aufgeschnappt hatte, endlich einmal loswerden konnte und dass er bei den anderen so gut ankam.

»Und warum bist du hier?«, fragte ein Mädchen mit orange gefärbten Haaren in die Unruhe hinein, die Ronnys Spruch ausgelöst hatte.

Ronny konnte mit der Frage nicht viel anfangen. »Na – weil ich Profi werden will«, antwortete er schließlich.

»Das wollen wir alle«, konterte das Mädchen. »Aber in welcher Sportart?«

»Fußball natürlich.« Irritiert sah Ronny zu Frau Runge.

»Manchmal scheinst du wirklich nicht besonders gut zuzuhören«, stellte die Internatsleiterin fest. »Hier sind nicht nur Fußballer, das habe ich auch schon am Tag der offenen Tür gesagt. In diesem Raum sind acht verschiedene Sportarten versammelt, nein, sogar neun. – Am besten ist wohl, jeder stellt sich mit Namen und Sportart vor, damit Ronny weiß, wo er hier gelandet ist.«

Fünf Minuten später brummte Ronny der Schädel. Er hatte fast vierzig Namen gehört – und die meisten gleich wieder vergessen. Patrick spielte auch Fußball. Das hatte er sich merken können. Der Junge, der an seiner anderen Seite saß, hieß Sascha und spielte Handball. Dessen Nachbar wiederum war Pitt, noch ein Fußballspieler. Der Junge, der am Tag der offenen Tür ins Krankenhaus gebracht werden musste, hieß Markus und war Boxer. Genau wie Tom, der neben Sebastian saß. »Sebastian ist unser Ruderchampion«, hatte Frau Runge erklärt, weil der sich geweigert hatte auch nur ein einziges Wort zu sagen.

Ach ja, der Junge auf der Fensterbank hieß Rico und spielte Tischtennis. Dann gab es noch einen Malte, ein Judoka, doch Ronny wusste nicht mehr, welches Gesicht zu dem Namen gehörte.

Von den Mädchen hatte Ronny sich nur zwei merken können: Natascha, die mit den orangefarbenen Haaren und den vielen Fragen, war Leichtathletin, Ramona spielte Handball und kicherte ständig.

Einige scheinen ganz nett zu sein, dachte Ronny, vor allem Patrick. Aber die Vorstellung, mit ihm das Zimmer zu teilen, war ihm immer noch nicht geheuer.

»Gut, ich danke euch«, sagte Frau Runge und stellte ihre Kolleginnen vor. Frau Dombrowski, Frau Schultz und Frau Krausig saßen schweigend in der Runde.

Anschließend verteilte die Internatsleiterin die neuen Trainingspläne. Ronny bekam keinen, aber Frau Runge kündigte an, dass Herr Reimann, der Trainer, nach der Vollversammlung vorbeikommen und sich mit ihm unterhalten wollte.

»War's das?«, fragte Rico sprungbereit, als alle ihre Pläne erhalten hatten.

»Nein, da wäre noch eine Kleinigkeit«, sagte Frau Runge und forderte alle auf sich wieder hinzusetzen.

»Was denn noch?«, stöhnte Sebastian genervt.

»Wir haben in den Sommerferien die Briefkästen geleert. Wir waren begeistert über die Vielzahl der Briefe und haben ausführlich über eure Wünsche und Beschwerden diskutiert. Letzte Woche haben wir dann einige Entscheidungen getroffen«, verkündete Frau Runge.

Schlagartig setzte eine gespannte Unruhe ein, während Ronny von Patrick in ungewohnt knappen Worten erklärt bekam, was es mit den Briefkästen auf sich hatte.

»Die Änderungen, die wir vorgenommen haben, könnt

ihr auf der neuen Hausordnung nachlesen, die wir nachher verteilen werden.« Frau Runge hielt einen dünnen Stapel Papier hoch. »Über den wichtigsten Punkt wollen wir aber mit euch reden.«

»Nun machen Sie es nicht so spannend!« Ramona knetete aufgeregt ihre Hände. Sie schien etwas zu ahnen!

»Na gut.« Frau Runge legte die Hausordnungen beiseite und nahm ein paar Briefe zur Hand. »Auf diesen sieben Zetteln steht siebenmal derselbe Wunsch. Die Verfasser möchten, dass die räumliche Trennung zwischen Jungs und Mädchen aufgehoben wird.«

Im Aufenthaltsraum herrschte eine atemlose Stille. Nur das Ticken der Uhr über der Tür war noch zu hören.

»Mit anderen Worten«, fuhr Frau Runge fort: »Ein paar von euch wollen, dass künftig Jungs und Mädchen zwar in getrennten Zimmern, aber auf demselben Flur wohnen. Wir haben darüber mit den Verantwortlichen im Jugendamt und mit den Elternvertretern gesprochen und sind zu folgendem Schluss gekommen: Ihr entscheidet!«

Ein unbeschreiblicher Jubel setzte ein. Die meisten Jungs und Mädchen rissen vor Begeisterung die Arme hoch, als hätten sie gerade das Siegtor im Pokalfinale geschossen oder einen Weltrekord aufgestellt.

Auch Ronny strahlte. Er hatte sofort begriffen, dass die Zusammenlegung von Jungs und Mädchen der Grund dafür war, dass er kein eigenes Zimmer bekommen konnte. Kein schlechter Grund, fand Ronny.

»Wir werden also abstimmen!«, versuchte Frau Runge das Geschrei zu übertönen und wiederholte, als es leiser geworden war: »Wir werden abstimmen. Wenn mehr als zwei Drittel von euch dafür sind, versuchen wir es. Zunächst allerdings nur probeweise bis zu den Herbstferien, dann werden wir weitersehen. Also: Wer ist dafür, dass ab sofort Jungs und Mädchen gemeinsam auf einem Flur wohnen?«

Sechsunddreißig Hände reckten sich in die Höhe, als wollten sie ohne Leiter die Decke streichen. Es war eine überwältigende Mehrheit und der Jubel, der folgte, war ohrenbetäubend. Die Internatsleiterin hatte es schwer, sich Gehör zu verschaffen.

»Moment, zu einer Abstimmung gehört auch die anderen Meinungen abzufragen. Wer ist also gegen den Vorschlag?«

Niemand meldete sich.

»Das will ich euch auch geraten haben«, murmelte eine weibliche Stimme.

»Ramona, bitte, keine Kommentare«, ermahnte Frau Runge das Mädchen. »Und wer enthält sich?«

Zwei Jungs hoben schüchtern ihre Finger.

»Damit ist es eindeutig entschieden: Wir wagen den Versuch«, stellte Frau Runge das Ergebnis fest. »Halt!«, rief sie, bevor die Begeisterung erneut überschwappte. »Zwei Punkte gibt es noch zu klären. Erstens: Es erfordert besondere Regeln, damit das gemeinsame Wohnen funktioniert. Wir haben eure Entscheidung vorausgeahnt und diese Regeln bereits in die neue Hausordnung aufgenommen. Lest sie euch also gut durch, lernt sie am besten auswendig! Wenn ihr sie nicht einhaltet, brechen wir den Versuch sofort ab. Verstanden?«

»Ja«, antworteten die Jungs und Mädchen im Chor.

»Und zweitens?«, fragte Natascha.

»Zweitens«, sagte die Internatsleiterin, während Frau Dombrowski begann die neue Hausordnung zu verteilen, »zweitens haben wir uns Gedanken darüber gemacht, wer mit wem in welchem Zimmer wohnt, und festgestellt, dass einiges umgeräumt und verändert werden muss. Die Schule beginnt erst am Mittwoch. Wir haben also morgen und am Dienstag dafür Zeit. Das bedeutet, dass alle außerhalb der Trainingszeiten hier bleiben, um zu helfen. Ist das auch klar?«

»Ja!«

»Gut, dann erkläre ich hiermit die Vollversammlung für beendet«, rief Frau Runge.

Jubelnd, feiernd und vor Begeisterung tanzend, strömten die Jungs und Mädchen aus dem Aufenthaltsraum. Und Ronny befand sich, wenn auch noch ein wenig skeptisch, mittendrin.

Sechs

»Das kannst du nicht machen«, sagte Patrick.
»Mann, ich bin aber müde!«, stöhnte Ronny.
»Schon?«, fragte Patrick spöttisch. »Es ist doch noch gar nicht so spät.«
Ronny zögerte. Er hatte einen harten Tag hinter sich. Nach der Vollversammlung hatte Patrick ihm die ganze Umgebung gezeigt: Die verschiedenen Sportanlagen, die Mensa, die Schule und die Ecken auf dem Pausenhof, wo nie ein Lehrer hinkam. Sie hatten sich auch die Höhle am See angesehen, die gar keine richtige Höhle war, sondern lediglich aus mehreren dicht zusammengewachsenen Ästen bestand. Aber sie erfüllte ihren Zweck. Sie war schwer zu erreichen und man konnte sie nur erkennen, wenn man kurz davor stand – doch wer sich darin aufhielt, hatte einen ungehinderten Blick auf einen großen Teil des Ufers.
Als sie zurückkamen, wartete schon Herr Reimann auf Ronny. Er hatte eine nagelneue Sporttasche mitgebracht, in der sich zwei Trikots, zwei komplette Trainingsanzüge und sogar Fußballschuhe in der richtigen Größe befanden. Trotzdem passten sie nicht richtig. Ronny schlug vor, dass er weiterhin seine eigenen be-

nutzen konnte. Doch das war nicht erlaubt. Die Schuhe kamen vom Sponsor des Vereins und mussten von allen Spielern getragen werden.

Ronny fand das blöd und sagte das auch. Doch damit war er bei Herrn Reimann an den Falschen geraten. Der Trainer war plötzlich gar nicht mehr so nett, sondern machte Ronny unmissverständlich klar, welche Pflichten er eingegangen war, als er sich im Sportinternat angemeldet hatte. Fast eine halbe Stunde redete er ununterbrochen über das Internat, SV Löwenstein und die sportlichen Ziele, wobei seine Stimme wieder freundlicher klang, nachdem Ronny sich entschuldigt hatte.

Als der Trainer sich verabschiedet hatte, brummte Ron-

ny schon wieder der Schädel von all den Informationen und den vielen Fragen, die er beantworten musste.

Doch damit nicht genug. Frau Runge beorderte ihn in ihr Büro, um ihm den Zimmerschlüssel zu geben und gemeinsam die wichtigsten Punkte der Hausordnung durchzugehen. »Das ist Pflicht«, hatte sie ungerührt gesagt, als Ronny protestieren wollte. Ergeben hatte er sich den Vortrag der Internatsleiterin angehört, den Empfang des Schlüssels quittiert und abschließend unterschrieben, dass er alles verstanden hatte und mit seiner Unterschrift versprach sich an die Hausordnung zu halten.

»Junge, hast du 'ne Sauklaue. Daran musst du aber noch arbeiten, bevor du als Fußballstar dein erstes Autogramm gibst«, hatte Frau Runge gemeint und ihn lachend in die Mensa zum Abendessen geschickt.

Endlich einen Augenblick Ruhe und etwas im Magen, hatte Ronny gedacht – auch wenn er sich nur schwer an den Geschmack der sehr gesunden, sehr ausgewogenen Kost gewöhnen konnte. Aber der Hunger trieb es hinein, denn er hatte ja bereits das Mittagessen verpennt.

Erschöpft, abgespannt und voll gestopft bis obenhin mit den vielen Eindrücken des ersten Tages, wollte er sich gleich nach dem Abendessen hinlegen. Doch er hatte keine Chance gehabt. Patrick zog ihn einfach mit sich und führte ihn durch das gesamte Internatsgebäude, vom Dachgeschoss, in dem die Oberstufenschüler sich einen eigenen Bereich geschaffen hatten, in dem die Jüngeren gar nicht gern gesehen wurden, bis hinunter in den Keller.

Hier gefiel es Ronny am besten. Es gab einen riesigen Tischtennisraum mit zwei Platten und einem Kickertisch, einen Videoraum mit einem überdimensionalen Fernseher, zwei Bastelwerkstätten, eine Fahrradwerkstatt und etwas abseits gelegen auch noch einen Leseraum mit Sofas und sehr bequem aussehenden Sesseln, wobei die vielen Bücher, die in den Regalen bereitstanden, nicht unbedingt hier gelesen werden mussten, sondern auch auf das Zimmer mitgenommen werden konnten. Ronny entdeckte eine Horrorgeschichte, die er schon auf Video gesehen hatte, klemmte sich das Buch unter den Arm und wollte endlich zurück auf das Zimmer. Er war müde und sehnte sich nach Ruhe.

»Das kannst du nicht machen«, wiederholte Patrick unnachgiebig, »die warten doch alle auf dich.« Energisch schob er Ronny in den Klubraum, den Frau Runge damals, gleich nach der ersten großen Vollversammlung, mit den Jugendlichen zusammen eingerichtet hatte.

Patrick hatte übertrieben. Zwar beendeten einige abrupt ihre Gespräche, als die beiden den Raum betraten, und Ronny spürte auch vereinzelte Blicke, die ihn interessiert musterten, doch er selbst hatte nur Augen für den Klubraum.

Es war ein Treffpunkt der Extraklasse! Es gab eine richtige Bar mit einem breiten Spiegel, vor dem eine Unmenge Flaschen in den unterschiedlichsten Größen und Formen aufgereiht war, und einen Tresen, vor dem echte Barhocker standen. Über der Tanzfläche, die von bunten Strahlern in ein flackerndes Licht getaucht wurde, hingen kleine, leistungsstarke Lautsprecher, aus denen stampfende Musik dröhnte. Und es gab jede Menge knutschdunkle Ecken, die auch von den Kerzen auf den Tischen kaum beleuchtet wurden.

»Nebenan kannst du Poolbillard und Dart spielen«, erklärte Patrick. Er deutete auf eine unscheinbare Tür neben dem Tresen, unter der ein schmaler Lichtstreifen in den dunklen Klubraum fiel.

»Wahnsinn!«, stöhnte Ronny und machte sich daran, alles auszuprobieren. Er spielte Billard, warf Pfeile auf die Dartscheibe, ließ sich von Patrick ohne große Gegenwehr auf die Tanzfläche ziehen und unterhielt sich sogar mit einem Mädchen, das Jenny hieß und sehr nett zu sein schien.

Erst als ein Sicherheitsmann, den Ronny noch nicht kannte, hereinkam, das grelle Licht einschaltete und den Abend für beendet erklärte, sah er auf seine Uhr und stürmte erschrocken die Treppen hoch, um von einer der beiden Telefonzellen in der Eingangshalle seine Eltern anzurufen.

»Kramer«, meldete sich die Stimme seines Vaters.

»Hallo, Papa, ich bin's«, antwortete Ronny und sprudelte sofort los – doch sein Vater unterbrach ihn.

»Sag mal, weißt du eigentlich, wie spät es ist? Hättest du nicht eher anrufen können? Deine Mutter ist schon ganz verrückt vor Sorge!«

»Tut mir Leid«, sagte Ronny geknickt. Eine kurze Pause

entstand, doch dann setzte sich seine gute Laune durch. Begeistert berichtete er, wie gut es ihm im Internat gefiel, wobei er die ersten Stunden nach seiner Ankunft wegließ. Auch den Beschluss der Vollversammlung erwähnte er nicht. Er hatte noch nie mit seinem Vater über Mädchen geredet und es war für Ronny unvorstellbar, jetzt damit anzufangen. Aber sein Vater verstand seine Begeisterung offensichtlich auch so und schien sich für ihn zu freuen.

Doch dann kam die Mutter ans Telefon. Sofort machte sie Ronny Vorwürfe, dass er sich erst jetzt meldete.

»Nun lass den Jungen doch in Ruhe, das habe ich ihm doch schon gesagt!«, hörte er seinen Vater im Hintergrund schimpfen und Ronny spürte sogar durch die Telefonlei-

tung die Spannung, die zu Hause herrschen musste. Er biss sich auf die Unterlippe und schwieg, als die Mutter ihm hundertmal versicherte, wie sehr sie ihn vermisste. Sie stellte tausend Fragen, die er nur einsilbig beantwortete, doch mit jeder Frage schwand seine gute Laune mehr und mehr. Als die Mutter fragte, wie er mit seinem Mitbewohner klarkam, und schließlich darüber klagte, wie leer die Wohnung ohne ihn war, und versprach, dass sein schönes, großes Zimmer immer für ihn bereitstand, sank seine Stimmung im Sturzflug auf den Nullpunkt.

»Ich muss Schluss machen, Mama«, rief er, versprach am nächsten Abend wieder anzurufen und hängte den Hörer auf die Gabel. All die Gedanken und Ängste, die er endlich vergessen hatte, waren wieder da. Sekundenlang stand er regungslos vor dem Telefon, bis er das Piepen vernahm und die Anzeige im Display las, die ihn aufforderte die Karte zu entnehmen.

Er zog die Telefonkarte aus dem Schlitz und schlich gedankenverloren durch die Eingangshalle, an dem fremden Sicherheitsmann vorbei, der seinen Platz am Empfang wieder eingenommen hatte und freundlich Gute Nacht wünschte.

»Gute Nacht«, murmelte Ronny automatisch, betrat den Fahrstuhl, fuhr in den dritten Stock und schlich in Gedanken versunken über den halbdunklen Flur zu seinem Zimmer.

Mechanisch kramte er den Schlüssel aus der Hosentasche, öffnete die Tür und stellte erleichtert fest, dass Patrick noch nicht da war.

Ronny beschloss auf das Waschen zu verzichten. Er zog die Hose und die Socken aus und suchte in dem immer noch nicht ausgepackten Koffer nach dem Schlafanzug. Doch auf die Schnelle fand er ihn nicht, also ließ er die Unterhose und das T-Shirt an, löschte das Licht, zog die Vorhänge zu und krabbelte unter die Bettdecke.
Wenige Minuten später wurde die Tür geöffnet, das schwache Licht vom Gang warf einen Schatten in das Zimmer.
»He, Ronny, bist du schon da?«, flüsterte Patrick. Er schaltete das Deckenlicht ein und löschte es sofort wieder, als er Ronny im Bett liegen sah.
»Bist du noch wach?«, fragte er leise.
Ronny hatte keine Lust sich zu unterhalten und stellte sich schlafend. Er röchelte, gab Schnarchgeräusche von sich und brabbelte irgendetwas vor sich hin, während er sich auf die Seite wälzte und die Wand anstarrte. Er hörte, wie Patrick sich auszog und ins Bett legte.
»Schläfst du echt schon?«, fragte Patrick noch einmal.
Ronny verhielt sich mucksmäuschenstill. Sekunden später hörte er Patrick ruhig und gleichmäßig atmen und er wusste, dass sein Zimmernachbar eingeschlafen war. Er wälzte sich wieder auf den Rücken, stopfte das Kissen in den Nacken, starrte nachdenklich an die Decke und wartete auf den Schlaf, der erst in den frühen Morgenstunden kam.

Sieben

Der erste Schultag nach den Sommerferien fiel auf den heißesten Tag, den Löwenstein seit Beginn der Wetteraufzeichnungen erlebt hatte. Die Quecksilbersäule des Thermometers kletterte auf 38,3° Celsius – im Schatten. Doch den gab es nicht! Die Sonne brannte gnadenlos vom wolkenlosen Himmel.
Ronny schlich auf dem schmalen Kiesweg vom Sportgymnasium zum Internat. Bei jedem Schritt stieg eine feine Staubwolke in die flirrende Luft. Die feuchte, schwüle Hitze machte ihm zu schaffen und steigerte noch seine Müdigkeit. Drei Nächte lang hatte er kaum geschlafen. Und tagsüber hatte er zusammen mit den anderen geschuftet.
Am Montag hatten sie mit Unterstützung des Hausmeisters der Schule und ein paar Lehrern, die schon aus den Ferien zurückgekehrt waren, einige Zimmer im dritten Stock leer geräumt und haufenweise Kisten und Kästen, in denen die Mädchen ihre Reichtümer und Habseligkeiten verstaut hatten, vom Mädchenflur eine Etage tiefer geschleppt. Da alle mithalfen, waren sie schnell fertig geworden.
Frau Runge hatte angeblich spontan eine Idee und

schlug vor – »wo sie doch schon mal dabei waren« – die riesige, triste Empfangshalle etwas freundlicher zu gestalten. Wie zufällig hatte die Internatsleiterin Dekorationsmaterial, ein paar Eimer Farbe, bereits zugeschnittene Vorhänge und ein paar gerahmte Poster in ihrem Auto mitgebracht. Die Jungs und Mädchen glaubten Frau Runge natürlich kein einziges Wort, aber das Aufräumen und Renovieren machte Spaß und so stürzten sie sich mit Feuereifer in die Arbeit.

Trotzdem waren sie bis zum Abendessen nicht fertig geworden, also musste es am Dienstag weitergehen mit der Verschönerungsaktion. Einige murrten zwar und keinem machte es so viel Spaß wie am ersten Tag, doch als sie am frühen Nachmittag fertig waren, stellten sie zufrieden fest, dass die Arbeit sich gelohnt hatte.

Die Eingangshalle war fast nicht wieder zu erkennen. Neben den Telefonzellen war eine Sitzgruppe aus zwei Ledersofas, drei passenden Sesseln und einem runden Tisch aufgebaut, die der Hausmeister der Schule noch im Keller stehen hatte. Die Möbel waren zwar auch nach dem Abstauben noch furchtbar hässlich, aber sie sahen auf alle Fälle besser aus als das riesige Nichts, das vorher die Empfangshalle beherrscht hatte. Außerdem waren die Sessel saubequem. Um die Sitzgruppe herum, in den Ecken, selbst auf dem Tresen der Sicherheitsleute standen Grünpflanzen, die ein Gärtner aus der Nachbarschaft gespendet und mit seinem klapprigen Lastwagen selbst angeliefert hatte. Vor den Fenstern hingen leuchtend rot-orangefarbene Vorhänge und die ehemals kahlen Wände zierten bunte Bilder und eine große, anschauliche Hinweistafel mit einem Wegweiser durch alle Stockwerke.

Schnaufend schleppte Ronny sich in die Empfangshalle, in der es allerdings kaum kühler war. Der Anblick des neu gestalteten Raumes entlockte ihm nicht mehr als ein müdes Lächeln, obwohl auch Ronny die Renovierung viel Spaß gemacht hatte und er zudem dabei einige an-

dere Bewohner des Internates kennen lernen konnte. Doch die Hitze war einfach mörderisch. Der Schweiß lief in Bächen die Schläfen hinunter, die Kleider klebten am feuchten Körper. Ronny wünschte sich nichts sehnlicher als eine erfrischende, eiskalte Dusche.

»Guten Tag, Herr Hartmann«, begrüßte er den Sicherheitsmann,

der wie immer mit hochgeschlossenem Hemd, Krawatte und dunklem Jackett hinter dem Empfangstresen saß.
»Schwitzen Sie gar nicht?«
»Schwitzen ist was für Weiber und Schwächlinge, Kramer«, knurrte Herr Hartmann, ohne sich die Mühe zu machen Ronny anzusehen. »Ich hab's mir abgewöhnt.«
»Ach, das geht?«, fragte Ronny verwundert und beeilte sich an dem merkwürdigen Mann mit der unheimlichen Ausstrahlung vorbeizukommen. Er hatte sich schon zweimal vorgenommen ihn wegen der Geschichten zu befragen, die er am Tag der offenen Tür angedeutet hatte. Doch beide Male traute er sich nicht. Herr Hartmann hatte irgendwie etwas Einschüchterndes an sich.
Ronny rief den Fahrstuhl und wartete, bis ihm einfiel, dass der Lift endgültig kaputt war. Markus hatte am Montag die glorreiche Idee gehabt einen Teil des Umzugs vom vierten in den dritten Stock per Aufzug zu erledigen. Er versuchte einen Sessel, der 1,05 Meter breit war, durch die einen Meter breite Öffnung des Fahrstuhls zu zwängen. Der Erfolg war überwältigend: Der Sessel verklemmte sich so fest in dem offenen Fahrstuhl, dass er sich weder vor- noch zurückbewegen ließ. Zu allem Überfluss rutschte Markus bei dem Versuch, das Möbel wieder herauszuziehen, ab und flog zwei Meter rückwärts. Seitdem lag er mit einer schmerzhaften Steißbeinprellung im Bett und der Fahrstuhl hing sinnlos im vierten Stock fest.
Ronny stapfte die Treppen hoch und dachte an Markus'

Katastrophen, die natürlich alle am Abend im Klubraum genüsslich erzählt worden waren. Die Geschichte mit Natascha hatte ihm am besten gefallen und er musste grinsen, als er sich die Szene bildhaft vorstellte.
»Hallo Ronny«, wurde er von Frau Dombrowski begrüßt. »Du kommst ja früh.«
»Hitzefrei«, schnaufte er.
»Na, und wie war der erste Schultag?«
»Ganz okay«, sagte er und lehnte sich in den Türrahmen zur kleinen Küche.
Frau Dombrowski war nicht mehr ganz jung, nicht mehr ganz schlank und redete nur selten. Deshalb wirkte sie auf den ersten Blick ziemlich streng. Doch wer einen zweiten riskierte, merkte schnell, dass hinter der rauen Fassade ein gutmütiger Mensch steckte.
»Was zu trinken?«, fragte sie.
»Ja«, antwortete Ronny, »aber ich hab noch eine Flasche im Zimmer.«
»Egal. Bei der Hitze musst du viel trinken. Ist gut für dich.« Die Erzieherin nahm eine Flasche Mineralwasser aus einer der Kisten, die jeden Monat von einem Getränkegroßhandel gespendet wurden, und drückte sie ihm in die Hand.
»Danke«, sagte Ronny, drehte den Verschluss ab und ließ das kühle Wasser die ausgetrocknete Kehle hinablaufen. Er schaffte fast die ganze Flasche auf ex.
»Wenn du jetzt rülpst, knall ich dir eine!«, drohte Frau Dombrowski.
Ronny schluckte das Bedürfnis, aufstoßen zu müssen,

rasch hinunter. Die Erzieherin sah aus, als würde sie ihre Drohung, ohne zu zögern, umsetzen.

»So ist es brav«, sagte sie wie zu einem Hund und winkte Ronny in die Küche. »Komm, setz dich zu mir und erzähl! Wie war es in der Schule?«

»Leer«, antwortete Ronny lachend, doch er kam ihrer Aufforderung nicht nach und blieb in der Tür stehen. »Wir waren nur zu elft in der Klasse.«

»In welcher bist du?«

»7c.«

»Ach, die Leichtathletik- und Volleyball-Klasse«, nickte Frau Dombrowski.

Dass seine Klasse so genannt wurde, hatte Ronny auch schon erfahren. Die Schule war riesengroß. Es gab allein sechs siebte Klassen, weil nicht nur die Bewohner des Internats unterrichtet wurden, sondern auch viele sportbegeisterte Jugendliche aus Löwenstein und Umgebung. Die Schüler waren nicht bewusst nach Sportarten auf die Klassen verteilt worden, aber trotzdem ergab es sich manchmal, dass eine oder zwei Sportarten besonders zahlreich vertreten waren. In Ronnys Klasse gingen sieben Leichtathleten, drei Jungs und vier Mädchen, und es gab sogar acht Volleyballer, vier Jungs und vier Mädchen. Doch die Leichtathleten waren bereits dienstags am frühen Morgen zu einem Junioren-Länderkampf gefahren und die Volleyballer hatten sich heute Morgen auf den Weg zu einem Intensivtraining gemacht.

Ronny hatte bereits beim Frühstück in der Mensa gemerkt, dass einige fehlten, doch er hatte sich nichts dabei gedacht. Im Unterricht hatte er dann mitbekommen, warum die Schule »Sportgymnasium« hieß: Der Sport hatte eindeutig Vorrang. Jeder hatte sechs Stunden Sport in der Woche und die Unterrichtsinhalte waren mit den Vereinstrainern abgestimmt. Außerdem wurden die Schüler vom Unterricht befreit, wann immer Wettkämpfe oder Trainingseinheiten angekündigt waren.

Das hört sich nicht schlecht an, hatte Ronny gedacht, bis Herr Berger, sein neuer Klassenlehrer, erklärt hatte, dass für die zurückbleibenden Schüler der Unterricht natürlich im selben Tempo weiterging und die anderen den versäumten Stoff irgendwie nachholen mussten. Das wiederum klang nach sehr viel selbstständiger Arbeit und Ronnys anfängliche Begeisterung legte sich schnell wieder.

»Was ist, willst du mir nicht ein wenig Gesellschaft leisten?«, forderte die Erzieherin Ronny noch einmal auf sich zu ihr an den Tisch zu setzen.

Ronny schüttelte den Kopf und zog mit spitzen Fingern an dem T-Shirt, das immer noch an seiner Brust klebte.

»Ich will lieber erst einmal duschen«, meinte er.

»Das kannst du vergessen«, sagte Frau Dombrowski und deutete auf die Küchenuhr. »Jetzt ist Mädchenzeit.«

»Scheiße«, murmelte Ronny.

Frau Runge hatte an die Tür des einzigen Waschraums im dritten Stock gleich nach dem Umzug der Mädchen ein nicht zu übersehendes Plakat gehängt, auf dem unmissverständlich geschrieben stand, wann die Jungs und zu welcher Zeit die Mädchen den Raum betreten durften. Das war eine der neuen Regeln, an die sich alle halten mussten, solange im Duschraum noch keine Zwischenwand gezogen und keine zweite Tür vorhanden war. Wer sich nicht an die Regel hielt, wurde mit einer Ab-

mahnung bestraft. Das war eine der Bedingungen des Jugendamtes gewesen, bevor es sich mit dem Versuch des Wohnens auf einem Flur einverstanden erklärt hatte.

»Und wenn gerade kein Mädchen duscht?«, fragte Ronny.

»Keine Chance«, sagte die Erzieherin unnachgiebig.

»Scheiße«, wiederholte Ronny. Er verabschiedete sich, schulterte die Schultasche und ging zu seinem Zimmer.

Es sah chaotisch aus. Ronny hatte sich immer noch nicht dazu durchringen können, den Koffer auszupacken. Stattdessen wühlte er jeden Morgen darin herum, bis er die passenden Klamotten gefunden hatte. Immerhin hatte er inzwischen den Schlafanzug entdeckt. Doch Patrick meinte, Schlafanzüge seien etwas für Kleinkinder, und da er deshalb keinen anzog, verzichtete Ronny auch auf seinen und legte sich weiterhin mit T-Shirt und Unterhose ins Bett. Die getragenen Sachen flogen irgendwo in der Gegend herum, das Bett war zerwühlt und auf seinem Schreibtisch lag alles kreuz und quer durcheinander.

Ronny ekelte sich. Zu Hause hatte er sein Zimmer stets einigermaßen sauber gehalten. Ohne lange nachzudenken, begann er den Koffer auszupacken und das Zimmer aufzuräumen. Als Letztes zog er noch die Bettwäsche ab, die das Internat zur Verfügung stellte, und bezog die Decke und das Kissen mit seiner eigenen Wäsche, die er von zu Hause mitgebracht hatte.

Die Arbeit war schneller beendet, als Ronny befürchtet hatte. Trotzdem war er geschafft. Die Sonne lugte bereits um die Ecke und schickte eine Gluthitze durch die geöffnete Balkontür in das Zimmer. Ronny beschloss sich auszuruhen, bis wieder Jungs-Duschzeit war. Er zog das Laken glatt, schüttelte die Decke auf und wollte sich gerade ins Bett legen, als er den Zettel entdeckte, der auf seinem Schreibtisch lag.

Bin in der Höhle, warte auf dich!, lautete Patricks Nachricht, der in einer anderen Klasse als Ronny war und offensichtlich noch früher Schulschluss gehabt hatte.

Tolle Idee, dachte Ronny und wunderte sich, warum er nicht selbst daran gedacht hatte, sich im See abzukühlen. Aber so verwunderlich war es andererseits auch wieder nicht. Menschliche Gehirne hörten wahrscheinlich bei über 30° Celsius auf zu funktionieren. Weshalb sonst gab es in der Schule hitzefrei?!

Ronny zog seine Badehose an, nahm ein frisches T-Shirt und ein Handtuch aus dem Schrank, holte die letzte Flasche Wasser vom Balkon, die noch im Schatten stand und erfreulich kühl war, und machte sich auf den Weg.

Patricks Höhle lag am Ufer, ungefähr fünfzig Meter vom Strand entfernt, und war wirklich schwer zu erreichen. Am einfachsten war es über den Seeweg, doch das Wasser war teilweise mehr als drei Meter tief und Ronny wollte trocken ankommen.

Also folgte er dem Landweg, der zum Strand führte, doch schon nach wenigen Schritten sah er sich gewissenhaft um, ob ihn auch niemand beobachtete, und schlug sich seitlich in die Büsche. Zum Glück hatte er sich die richtige Stelle gemerkt. Patrick hatte den Weg kaum erkennbar mit seinem Taschenmesser markiert und Ronny jubelte stumm, als er die erste Markierung entdeckte.

Der Weg war richtig – aber es war schwer, voranzukommen. Er musste über einen umgestürzten Baum klettern, schlängelte sich vorsichtig zwischen zwei Büschen mit spitzen und scharfkantigen Dornen hindurch, bog einen nach dem anderen Ast zur Seite und passte die ganze Zeit auf, dass er keinen Lärm machte, der ihn verraten konnte.

Plötzlich war der schmale Trampelpfad zu Ende. Zwei mächtige, fast auf der Erde liegende Bäume versperrten den Weg. Drüberklettern, dachte Ronny, doch die vielen Äste waren so ineinander verwachsen, dass es unmöglich war, an ihnen vorbeizukommen. Er wusste nicht weiter und dachte schon daran, nach Patrick zu rufen, als ihm im letzten Moment einfiel, dass er unter den Bäumen durchkriechen musste.

Ronny betrachtete seufzend das gerade eben sauber aus dem Kleiderschrank entnommene T-Shirt, stellte fest, dass es den Weg durch die Büsche sowieso nicht heil überstanden hatte, und ließ sich zu Boden gleiten. Mit den Händen tastete er nach der Kuhle, atmete tief aus, um seinen Bauch dünner zu machen, und krabbelte entschlossen los, mit dem Kopf voran.

Es war einfacher, als es ausgesehen hatte. Nach wenigen

Sekunden steckte Ronny auf der anderen Seite der mächtigen Bäume die Nase in die frische Luft. Er schob seine Arme nach vorn, krallte sich an einer Baumwurzel fest und zog sich schwungvoll aus dem Loch heraus.
Doch plötzlich hörte er ein Geräusch, das wie zerreißender Stoff klang. Gleichzeitig durchzuckte ihn ein höllischer Schmerz!
»Verdammt!«, fluchte er laut.
»Psst!«, machte Patrick ganz in seiner Nähe. »Willst du etwa, dass wir entdeckt werden?!«
»Hilf mir!«, rief Ronny. »Ich hänge fest.«
Patrick war sofort zur Stelle. Mit den Händen schaufelte er die sandige Erde unter Ronnys Körper weg, drückte und schob ihn und nach wenigen Augenblicken hatte er ihn befreit.
»So ein Mist!«, schimpfte Ronny leise. Sein Hintern brannte wie Feuer.
»Lass mal sehen!«, meinte Patrick. Er ging

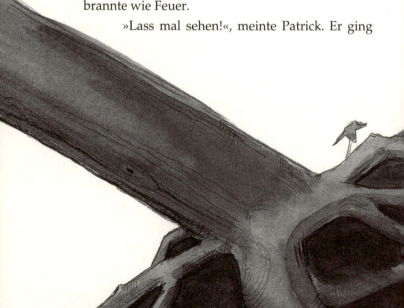

um Ronny herum und fing an zu kichern. »Die Badehose kannst du vergessen«, meinte er.
»Wieso?«, fragte Ronny verärgert. Er fasste nach hinten – und spürte nur blanke Haut!
»Deine rechte Arschbacke hat Ausgang«, lachte Patrick. »Wahrscheinlich bist du irgendwo hängen geblieben. Die Badehose ist von oben bis unten aufgerissen. Aber du hast noch Glück gehabt, dein Hintern ist nur ein bisschen gerötet.«

Ronny humpelte zwischen zwei Büschen hindurch zum Eingang der Höhle und legte sich bäuchlings auf die Decke, die Patrick mitgebracht hatte.
»Es tut ganz schön weh«, jammerte er.
»Vielleicht hast du dich ja doch verletzt«, meinte Patrick. »Los, zieh die Badehose aus!«
Ronny drehte sich empört um. »Du spinnst wohl?!«, knurrte er und zeigte Patrick einen Vogel.
»Ich will nachsehen, ob du blutest. Wenn, dann muss die Wunde gereinigt werden, sonst entzündet sie sich«, sagte Patrick ungerührt. »Hast du das etwa nicht im Sportunterricht gelernt?«
»Doch, klar«, gab Ronny zu.
»Na also. Und jetzt zieh endlich die Hose aus! Keine Angst, ich guck dir schon nichts weg.«
»Dreck!«, murmelte Ronny. Aber er wusste, dass Patrick Recht hatte. Seufzend befreite er sich umständlich von dem Stofffetzen, der einmal seine Badehose gewesen war. Wütend knotete er den Stoff zusammen und schleuderte ihn weit weg, mitten in ein dichtes Dorngestrüpp.
»Das hätte ich nicht gemacht«, meinte Patrick.
»Warum nicht?«, fragte Ronny. »Sie war doch kaputt!«
»Für den Rückweg hätte sie es aber noch getan!«
»Oh, verdammt!«, stöhnte Ronny. »Und jetzt?«
»Uns wird schon was einfallen, noch gehen wir ja nicht zurück.«
»Ach, was soll ich denn noch hier?«, maulte Ronny. »Ich bin zum Baden hergekommen.«

»Ja, das kannst du doch auch.« Patrick klatschte eine Hand auf Ronnys linke Hinterbacke. »Alles in Ordnung, von mir aus können wir ins Wasser gehen.«
»Aber . . . wie denn?« Ronny deutete zu dem Dornenbusch, wo seine Exbadehose in unerreichbarer Höhe baumelte. »Wie soll ich ohne Badehose baden?«
»Na, ohne eben«, sagte Patrick, als sei es das Selbstverständlichste von der Welt.
»Du meinst – nackt?!«, stammelte Ronny.
»Ja, warum nicht? Das hab ich im letzten Sommer einige Male gemacht. Ist ein tolles Gefühl und hier sieht dich doch keiner.«
»Ach, und was ist mit dir?«, fragte Ronny zynisch.
»Ich?«, lachte Patrick. »Ich sehe dich spätestens nachher unter der Dusche nackt, nach dem Training. Außerdem wohnen wir auf einem Zimmer, schon vergessen? Da wird sich das auf die Dauer auch nicht vermeiden lassen.«
»Stimmt schon«, gab Ronny zögernd zu. »Aber . . .«
»Aber was? Hier badet öfter jemand ohne, vor allem abends«, unterbrach Patrick. Er zögerte einen Moment und gestand dann: »Wenn du wüsstest, wen ich von hier aus schon alles beobachtet habe!«
»Auch Mädchen?«
»Haufenweise Mädchen!« Patrick strahlte. »Letztes Jahr habe ich sogar Frau Grimm gesehen, unsere ehemalige Leiterin. Aber das war kein so schöner Anblick.«
»Wow!«, machte Ronny und zitterte vor Aufregung.
»Was ist?« Patrick erhob sich und zog ganz locker seine Badehose aus. »Gehen wir jetzt ins Wasser?«

Im selben Moment fegte ein Sturm durch Ronnys Körper. Er schloss die Augen und sah plötzlich Mädchen vor sich. Welche, die er kannte, und auch fremde, die ihm irgendwann auf der Straße oder sonst wo begegnet waren. Und keine von ihnen hatte auch nur einen Fetzen Stoff am Leib. Ein warmes, kribbelndes Gefühl machte sich in ihm breit.

»Jetzt komm schon!«, rief Patrick, der bereits mit den Füßen im Wasser stand.

Ronny schreckte aus seinen Phantasien. Er spürte, dass sie Wirkung zeigten, und wünschte sich auf eine einsame Insel.

»Mach doch, was du willst«, sagte Patrick. »Ich geh jetzt schwimmen.«

Ach, was soll's, dachte Ronny, bevor ich nie ins Wasser komme ...

Er zog das T-Shirt aus und erhob sich genau in dem Moment, als Patrick auftauchte und sich suchend umdrehte.

»Ui!«, sagte er und kicherte: »Bloß gut, dass hier keine Mädchen sind!«

»Arschloch!«, schrie Ronny und sprang mit Anlauf in das angenehm kühle Wasser, in dem sich sein »kleines Problem« von selbst erledigte.

Acht

»Mann, bin ich k.o.!«, stöhnte Patrick.
»Und ich erst!« Ronny spürte jeden einzelnen Muskel in seinem Körper, während er langsam neben Patrick über den Sportplatz zum Ausgang schlich.
»Ich hätte nie gedacht, dass Herr Reimann gleich beim ersten Training nach der Sommerpause voll einsteigt.« Patrick stoppte und holte eine Wasserflasche aus seiner Sporttasche. Er nahm einen großen Schluck und reichte sie an Ronny weiter. »Zumal es immer noch so warm ist.«
Ronny nickte und sah nach oben. Die drückende Schwüle war seit dem Mittag noch schlimmer geworden. Dicke schwarze Wolken hingen regenschwer in der Luft, soweit er sehen konnte.
»Wir müssen uns beeilen«, meinte er. »Da zieht ein heftiges Gewitter auf.«
»Stimmt, man kann fast riechen, dass es heute noch knallt«, sagte Patrick, während er die Flasche zurück in die Sporttasche legte. »Ich will nicht nass werden. Außerdem hab ich Hunger.«
»Also los«, sagte Ronny.
Der Weg war nicht weit, über ihren Köpfen braute sich

ein Unwetter zusammen und in der Mensa wartete das Abendessen. Die beiden Jungs legten ein ordentliches Tempo vor, trotz ihrer geschundenen Knochen.

»Sag mal, wie fandest du das Training?«, wollte Patrick wissen, als das Internat schon in Sichtweite war.

»Gar nicht schlecht«, antwortete Ronny zurückhaltend. In Wahrheit war er von dem Training total begeistert. Die Mannschaft hatte ihn freundlich aufgenommen und Herr Reimann hatte die neunzig Minuten sehr abwechslungsreich gestaltet. Neu war für Ronny, dass nicht alle dieselben Übungen machten. Der Trainer hatte das Spielfeld in vier Bereiche aufgeteilt und in jedem Abschnitt wurde etwas anderes gemacht. Kondition, Beweglichkeit, Ausdauer, Spieltaktik und Balltechnik – der Trainer kannte offenbar für jeden Bereich eine Menge verschiedener Übungen. Nur eines hatte Ronny ganz und gar nicht gefallen.

»Aber ich fand es nicht so gut, dass ich beim Abschlussspiel in der Gurkentruppe mitkicken musste«, beschwerte er sich.

»Gurkentruppe?« Patrick lachte höhnisch. »Es gibt bestimmt eine Menge Vereine, die sich riesig freuen würden, wenn sie so gute Spieler hätten!«

»Ja, ist ja schon gut«, wiegelte Ronny ab. »Ich hab mich halt geärgert. Ich bin schließlich hergekommen, weil ich Fußball spielen will, und nicht, um an der Seite zu sitzen!«

»Jeder im Sportinternat ist hergekommen, weil er Profi werden will«, sagte Patrick. »Oder zumindest Leistungssportler. Aber das wirst du nicht von einem Tag auf den anderen.«

»Das weiß ich«, meinte Ronny. »Ich muss bestimmt noch eine Menge lernen und haufenweise trainieren. Trotzdem bin ich kein Ersatzspieler!«

»Stimmt«, bestätigte Patrick. »Du bist gut. Aber der Prinz ist auch nicht schlecht und schon seit einem Jahr unser Spielmacher. An deiner Stelle würde ich das ganz locker sehen. Die Saison hat doch noch nicht einmal begonnen. Hab Geduld! Häng dich beim Training richtig rein!«

»Noch mehr?«, stöhnte Ronny.

»Noch viel mehr«, lachte Patrick. »Nur so hast du eine Chance den Prinz zu verdrängen.«

»Wieso wird der eigentlich Prinz genannt?«, fragte Ronny. »Heißt der so mit Nachnamen?«

»Nein. Sein Vater ist angeblich der König von einem Dorf irgendwo in Afrika«, erklärte Patrick. »Na ja, und als Sohn eines Königs ist er natürlich der Prinz.«

»Das klingt logisch«, meinte Ronny. »Aber stimmt das auch?«

»Keine Ahnung«, sagte Patrick. »Der Prinz ist hier geboren, der war noch nie in Afrika. Und auch seine Eltern leben schon lange hier. Die haben einen Gemüseladen in Löwenstein, mit echt leckeren Sachen.«

»Hör auf, ich hab Hunger!«, jammerte Ronny.

»Stell dich nicht so an, wir sind ja gleich da!«, sagte Patrick.

Wenig später erreichten sie das Internatsgebäude, hasteten die Treppen hoch und stellten die Taschen ordentlich in ihrem Zimmer ab. Ronnys Aufräumaktion sollte wenigstens einen Tag Bestand haben.

Von draußen war leise grummelnder Donner zu hören.

»Ist wohl besser, wenn wir die Balkontür schließen«, meinte Ronny und eilte durch das Zimmer, um den Plan gleich in die Tat umzusetzen.

Im selben Moment zuckte ein mächtiger Blitz über den schwarzen Himmel und nur Sekundenbruchteile später knallte es, als würde das Gebäude zusammenbrechen. Ein heftiger Wind kam auf und peitschte dicke Regentropfen an die Fensterscheiben.

»Wow«, sagte Ronny und starrte beeindruckt hinaus.

»Jetzt komm endlich!«, drängelte Patrick. »Ich habe Hunger.«

»Geh doch schon vor!«, sagte Ronny. Eine Weile betrachtete er noch das atemberaubende Naturschauspiel und folgte Minuten später Patrick in die Mensa.

Eine halbe Stunde später waren beide pappsatt. Mittlerweile hatte Ronny sich nicht nur an das Essen gewöhnt, es schmeckte ihm sogar richtig gut. Er steckte den letzten Bissen in den Mund und schob zufrieden den Teller in die Tischmitte.

Patrick sprang auf. »Kommst du noch mit in den Klubraum?«

»Ja«, sagte Ronny. »Aber ich will erst noch meine Eltern anrufen.«

»Dann bis gleich.« Patrick verschwand in Richtung Keller, während Ronny zu den Telefonzellen eilte.

Mist, beide besetzt, stellte er fest, als er im Laufschritt die Empfangshalle erreichte. Er ging zu den Ledersofas, doch bevor er sich hinsetzen konnte, wurde eines der beiden Telefone frei. Ronny nahm den Hörer ab und wollte sein Portmonee herausholen, in dem die Telefonkarte steckte. Doch seine Hosentaschen waren leer.
»Dreck«, fluchte er, als ihm einfiel, dass die Geldbörse noch in der Sporttasche war, wo er sie vor dem Training verstaut hatte.
»Kann ich dir helfen?«, fragte eine Stimme neben ihm. Ronny fuhr herum – Sebastian stand direkt vor ihm und hielt ihm lächelnd seine Telefonkarte entgegen.
»Nimm schon!«, sagte Sebastian.
»Wieso . . .«, fragte Ronny stotternd. Seit er im Sportinternat eingezogen war, hatte er das Gefühl, dass Sebastian ihn nicht leiden konnte. Aber wie kam es dann, dass er plötzlich so freundlich war? Ob Frau Runge ihn sich vorgeknöpft hatte?

»Ist schon okay«, sagte Sebastian. »Wäre doch blöd, wenn du erst nach oben laufen musst, um deine zu holen.«
»Ja, stimmt«, murmelte Ronny. Ein unbehagliches Gefühl beschlich ihn. Doch er hatte tatsächlich keine Lust nach dem anstrengenden Training und auch noch mit vollem Bauch

die Treppen bis in den dritten Stock hochzulaufen. Also nahm er die Telefonkarte und schob sie in den Schlitz.

»Da sind noch 46 Mark 80 drauf«, stellte er fest.

»Ja, die habe ich heute erst bekommen«, bestätigte Sebastian.

»Wenn du einen Augenblick wartest, kriegst du sie gleich wieder«, sagte Ronny. »Es dauert nicht lange.«

»Ach nee, lass mal!«, sagte Sebastian lässig. »Es reicht, wenn du mir sie morgen wiedergibst.«

»Na ja, wenn du meinst.« Ronny drehte sich zum Telefon und tippte die Nummer seiner Eltern in die Tasten. »Ich merk mir, was ich verbraucht habe, und gebe dir das Geld morgen mit der Karte zurück, okay?«

»Okay«, sagte Sebastian und verschwand mit einem breiten Grinsen im Gesicht.

Ronnys Unbehagen wuchs. Der führt doch was im Schilde, dachte er, doch dann meldete sich sein Vater, und als Ronny zehn Minuten später im Klubraum auftauchte, hatte er die Begegnung mit Sebastian schon fast wieder vergessen.

Patrick wartete im Billardraum. Er besetzte den Tisch, im wahrsten Sinne des Wortes. Als Ronny hereinkam, sprang er herunter, nahm einen Queue und wollte anstoßen.

»Können wir mitspielen?«, fragte eine weibliche Stimme.

Patrick setzte ab und drehte sich aufreizend langsam um. »Die Frage ist: Könnt ihr überhaupt spielen?«, sagte er keck und grinste Ramona an.

»Vielleicht besser als du«, sagte Ramona nicht weniger angriffslustig.

»Das will ich sehen.« Patrick reichte ihr seinen Queue und deutete auf Ronny. »Wir beide gegen euch – ihr dürft anstoßen.«

»Okay, Jungs, macht euch auf etwas gefasst!« Ramona beugte sich vor, legte ihre linke Hand hinter der weißen Kugel auf das grüne Tuch, führte den Queue gekonnt zwischen dem Daumen und dem Zeigefinger, holte aus und stieß zu. Die fünfzehn bunten Kugeln sprangen auseinander und verteilten sich über die ganze Spielfläche. Zwei rollten sogar in ein Loch.

»Nicht schlecht«, lobte Patrick beeindruckt. »Leider waren das eine Ganze und eine Halbe – wir sind dran.«

Er nahm den Queue, kreidete die Spitze und ließ die Kugeln über den Billardtisch tanzen. Er war der beste Spieler und hatte das Internatsturnier im Frühjahr gewonnen, obwohl sogar alle aus der Oberstufe daran teilgenommen hatten.

Die Mädchen hatten keine Chance, denn auch Ronny spielte nicht schlecht. Nach nur wenigen Minuten versenkte er die schwarze Acht im richtigen Loch und die Jungs hatten gewonnen.

»Noch mal?«, fragte Ramona und schlug vor die Teams zu wechseln. »Patrick und ich gegen euch beide.«

»Okay«, sagte Ronny, nahm das Dreieck und baute die Kugeln wieder auf.

Es war das Einzige, was er in den nächsten Minuten sagte. Auch Jenny blieb stumm. Patrick und Ramona redeten dafür umso mehr. Sie alberten herum, kicherten die ganze Zeit und schienen das Billardspiel nicht besonders ernst zu nehmen.

»Du bist dran«, sagte Ronny nach einem Fehlversuch und reichte Ramona den Queue.

Doch im selben Moment erklang von draußen ein neues Lied.

»Ah, das ist mein absoluter Lieblingssong!«, kreischte Ramona. »Komm, wir tanzen!« Sie packte Patrick am Arm und zog ihn mit sich.

Ronny und Jenny blieben allein im Billardraum zurück. Schweigend.

»Tanzt du auch?«, fragte Jenny nach schier endlos scheinenden Sekunden.

Ronny zuckte hilflos mit den Schultern. »Okay«, brummte er schließlich und ging mit ihr auf die Tanzfläche im Klubraum.

Es war ein langsames Lied. Zuerst tanzten sie auseinander, doch nach wenigen Takten kam Jenny näher, schlang ihre Arme um Ronnys Hals und schmiegte ihren Kopf an seine Schulter.

Ronny legte seine Arme um ihre Taille. Er spürte ihren Körper, roch den Duft ihres Haares und begann wie ein Schneemann in der Frühlingssonne dahinzuschmelzen. Ein wohliger Schauer durchfuhr ihn, von den Haarspitzen hinab bis zu den Fußnägeln. Wahnsinn! Er hatte das Gefühl, als ob ein Feuerwerk in seinem Körper abgebrannt wurde. In seinem Bauch prickelte es ganz wunderbar und die Füße spürte er schon längst nicht mehr. Ronny schwebte!

Langsam zog er Jenny dichter an sich heran, bis kein Blatt Papier mehr zwischen sie gepasst hätte. Über ihre Schulter fing er einen Blick von Patrick auf, der mit Ramona genauso eng tanzte. Sein Zimmerkumpel grinste breit, zwinkerte ihm zu und streichelte dabei Ramonas Rücken.
Gute Idee, dachte Ronny und ließ vorsichtig seine Hand über Jennys Rücken wandern.
»Mmh«, schnurrte sie in sein Ohr.
Ronny hätte ein Leben lang so weitertanzen können. Doch schnell, viel zu schnell war das Lied zu Ende. Pitt, der an dem Abend die CDs auflegte, hatte offenbar et-

was gegen eng tanzende Pärchen und spielte nach dem Schmusesong ein völlig hektisches HipHop-Stück.

Ronny und Jenny versuchten die Musik zu ignorieren und einfach weiterzutanzen, aber sie hielten nur ein paar Takte durch. Ronny warf Pitt einen bösen Blick zu und ging mit Jenny in eine der dunklen Ecken.

Aneinander geschmiegt saßen sie nebeneinander. Doch plötzlich fühlte Ronny sich unwohl. Er grübelte, worüber er mit Jenny reden sollte. Aber sosehr er auch nachdachte, ihm fiel nichts Gescheites ein.

Plötzlich wurde die Tür aufgestoßen und Herr Hartmann schaltete rücksichtslos das grelle Licht ein.

»He, was soll das?«, beschwerte sich jemand zaghaft.

»Ruhe!«, brüllte der Sicherheitsmann. »Ronald Kramer und Patrick Meisner, sind die hier?!«

»Ja?«, antworteten beide wie aus einem Mund.

»Mitkommen«, befahl Herr Hartmann. »Na los, wird's bald?!«

Ronny und Patrick sahen sich verwundert an. Aber es blieb ihnen nichts anderes übrig: Sie folgten dem Sicherheitsmann vor die Tür. Herr Hartmann brachte sie, ohne ein weiteres Wort zu sagen, in den dritten Stock und lieferte sie im Büro bei Frau Runge ab, die Nachtdienst hatte. Doch dort wartete nicht nur die Internatsleiterin – Sebastian und Tom saßen auf dem Sofa und wirkten sehr aufgebracht.

»Was ist denn los?«, fragte Ronny und spürte, wie sich das Unbehagen wieder in ihm breit machte.

»Es geht um einen schlimmen Verdacht«, sagte Frau

Runge. »Sebastian behauptet, dass ihm etwas gestohlen wurde und dass nur einer von euch beiden als Täter in Frage kommt.«

»Was?!«, schrie Patrick aufgebracht und starrte Sebastian fassungslos an. »Bist du bescheuert?«

»Hier ist niemand bescheuert!«, ging die Internatsleiterin energisch dazwischen. »Tatsache ist, dass Sebastian heute mit der Post von seinen Eltern eine Telefonkarte bekommen hat. Tom kann das bestätigen. Diese Telefonkarte lag auf dem Tisch im Zimmer. Jetzt ist sie verschwunden.«

So ein Arschloch! So ein mieses, hinterhältiges Arschloch!, dachte Ronny. Ihm wurde übel, die Beine gaben nach. Er krallte sich an der Stuhllehne neben sich fest, damit niemand etwas bemerkte. Plötzlich wusste er, warum Sebastian so überfreundlich gewesen war. Er hatte ihm eine Falle gestellt, aus der es kein Entkommen gab. Ronny schwieg resigniert. Was sollte er auch sagen?! Er hatte das angebliche Diebesgut, also war er der Täter. So einfach war das.

»Und wie sollen wir an die Karte gekommen sein?«, fragte Patrick und lachte höhnisch. Er hielt das Ganze für einen schlechten Scherz.

»Über den Balkon«, sagte Sebastian.

»Euer Zimmer liegt genau neben dem von Sebastian und Tom«, erklärte Frau Runge. »Es ist nicht schwer, von einem Balkon auf den anderen zu kommen, das habt ihr alle schon mehr als einmal ausprobiert. Der Verdacht ist also nicht unbegründet und deshalb werden wir jetzt zuerst euch und dann euer Zimmer durchsuchen.«

Scheiße, dachte Ronny. Er fühlte sich, als ob ihm ein Boxer einen Tiefschlag verpasst hätte, ohnmächtig und hilflos.

Er hob den Kopf und sah Sebastian an. Warum?, fragte sein Blick. Warum tust du das? Was habe ich dir getan?

Sebastian grinste triumphierend.

Ronny spürte, dass er keine Chance hatte. »Sie brauchen uns nicht zu durchsuchen«, sagte er mit leiser Stimme, während er in die hintere Hosentasche langte und die Telefonkarte herausholte. »Hier ist sie. Aber glauben Sie mir, es ist ganz anders, als Sie denken.«

Neun

»He Patrick, bist du noch wach?«, fragte Ronny in das Dunkel des Zimmers.
Das Gewitter hatte sich gelegt, doch noch immer regnete es aus den dicken Wolken am Himmel, an dem kein einziger Stern zu sehen war.
»Ja«, brummte Patrick.
Ronny setzte sich auf und schaltete die Leselampe über dem Bett ein. »Glaubst du mir?«, fragte er.
Patrick drehte sich herum und sah ihn nachdenklich an.
»Ich weiß nicht«, antwortete er ehrlich. »Eigentlich schon. Aber ich weiß einfach nicht, warum Sebastian so etwas tun sollte. Er müsste einen Mordshass auf dich haben, um so einen Plan auszuhecken. Aber warum sollte er dich hassen? Das verstehe ich einfach nicht.«
»Ich auch nicht.« Ronny ließ die Schultern sinken.
»Vielleicht wegen Jenny?«, überlegte Patrick. »Ich glaube, er war mal in sie verknallt.«
»Quatsch, ich hab doch vorher telefoniert, bevor ich in den Klubraum gekommen bin.«
»Ach ja, stimmt.«
»Vielleicht . . .«, setzte Ronny zu einer neuen Erklärung an.

»Ja?«, fragte Patrick, als er nicht weitersprach.

»Nein, das ist Blödsinn.« Für einen Augenblick hatte Ronny an die allererste Begegnung mit Sebastian am Tag der offenen Tür gedacht. Er hatte miese Laune gehabt und abfällige Sprüche gekloppt. Aber – das konnte doch nicht der Grund sein?!

»Bitte, Patrick, glaub mir!«, flehte Ronny. »Ich hab die Telefonkarte wirklich nicht geklaut. Sebastian hat sie mir freiwillig gegeben. Es war genau so, wie ich es ge-

sagt habe! Wann hätte ich sie denn klauen sollen? Wir waren doch die ganze Zeit zusammen!«
»Nicht die ganze«, sagte Patrick zögernd. »Das ist es ja eben. Als ich zum Essen gegangen bin, bist du noch hier geblieben und hast dir das Gewitter angesehen. Du bist erst mindestens zehn Minuten nach mir in die Mensa gekommen. Das ist Zeit genug, um die Karte zu stehlen.«
»Aber Mann, verdammt, du musst mir einfach glauben«, flüsterte Ronny mit Tränen in den Augen.
»Das will ich ja auch«, herrschte Patrick ihn an. »Aber ich kann nicht. Ich kenne dich doch erst seit ein paar Tagen. Woher soll ich wissen, ob du nicht doch ein Dieb und auch noch ein Lügner bist? Mit solchen Typen will ich nichts zu tun haben. – So, und jetzt lass mich schlafen! Wir reden morgen weiter.«
Er drehte Ronny den Rücken zu und zog sich die Decke über den Kopf.
»Bitte«, schniefte Ronny, doch Patrick reagierte nicht mehr.
Ronny ließ den Kopf hängen und weinte stumm. ›Wir reden morgen weiter.‹ Na toll. Dasselbe hatte Frau Runge auch gesagt und allen Beteiligten das Versprechen abgenommen Stillschweigen zu bewahren, bis der Vorfall endgültig geklärt war. Worauf wartete die denn noch?! Das Urteil hatte sie doch schon längst gefällt: Schuldig!
Langsam ließ Ronny sich auf das Kissen sinken und fühlte sich so einsam und verlassen wie noch nie in seinem Leben.

Er war müde, unendlich müde. Doch er fand keine Ruhe. Als Patrick auch noch leise zu schnarchen begann, hatte er die Nase voll. Ich hau ab!, dachte er und sprang aus dem Bett. Leise vor sich hin schimpfend zog er sich an, steckte seine Geldbörse ein und öffnete lautlos die Tür.
Auf dem Gang war alles ruhig. Auf Zehenspitzen schlich er zum Treppenhaus. Doch nach wenigen Schritten fiel ihm ein, dass dieser Weg ihn direkt in die Arme von Herrn Hartmann führte.
»Noch so ein Arschloch«, schimpfte Ronny leise. »Der kann mich auch nicht leiden. Niemand hier kann mich leiden. Na gut, hau ich eben ab. Die werden froh sein, wenn sie mich los sind!«
Er machte kehrt und ging zu dem kleinen Treppenhaus auf der anderen Seite des langen Gangs. Die Tür quietschte ein wenig in den Angeln. Ronny öffnete sie nur so weit, dass er gerade eben durchschlüpfen konnte, ließ sie leise wieder ins Schloss fallen und lauschte. Niemand rührte sich.
»Typisch«, murmelte er, »die merken noch nicht einmal, dass ich abhaue. Wahrscheinlich trauen sie mir das nicht zu. Aber die werden sich wundern!«
Entschlossen marschierte er die Treppen hinunter. Im Erdgeschoss blieb er kurz stehen und richtete den Stinkefinger auf die geschlossene Tür, die zur Empfangshalle führte, in der Herr Hartmann nichts ahnend hinter seinem Tresen saß und vermutlich Zeitung las.
»›An mir kommt niemand vorbei?‹ Ha!«, flüsterte Ronny und setzte den Weg in den Keller fort.

Ronnys Plan, aus dem Internatsgebäude abzuhauen, war simpel: Er wollte einfach durch den Klubraum spazieren, das Fenster öffnen und in die Freiheit klettern.

Er hatte Glück. Die erste Tür, die vom Treppenhaus zu den verschiedenen Räumen im Keller führte, war offen. Triumphierend legte er seine Hand auf die Klinke der Klubraumtür. Doch die ließ sich nicht öffnen, ebenso wenig wie die Tür zu den Tischtennis-, Video- oder Bastelräumen. Seine letzte Chance war die Bibliothek.

Ronny verzichtete darauf, das Licht anzuschalten, um nicht auf sich aufmerksam zu machen, und tastete sich vorsichtig an der Wand entlang durch den dunklen Gang. Endlich erreichte er die Tür. Mit klopfendem Herzen drückte er die Klinke – die Tür ließ sich lautlos öffnen. Er musste die Lippen zusammenpressen, um nicht vor Freude laut zu jubeln.

Das Fenster unterhalb der Decke war leicht zu finden. Der helle Schein der Lampe direkt vor dem Haus, die den Internatseingang beleuchtete, zeigte ihm den Weg. Ronny schob einen Stuhl vor das Fenster, stieg hinauf, öffnete es und zwängte sich hinaus in die Nacht.

Er hastete am Internatsgebäude entlang, um aus dem verräterischen Schein der Laterne zu kommen, bog um die Ecke, lehnte sich gegen die Wand und atmete tief durch. Der erste Schritt war geschafft.

Doch wie sah der zweite Schritt aus?! Ronny hatte keine Ahnung. Er blickte sich um, doch er sah so gut wie nichts. Plötzlich wurde der Regen wieder stärker.

Am besten ist, ich gehe erst einmal zur Höhle, beschloss

Ronny. Dort bin ich einigermaßen geschützt und kann in Ruhe nachdenken.

Schritt für Schritt tastete er sich auf dem Weg zum See vorwärts und es dauerte einige Minuten, bevor er den Strand erreicht hatte. Er kniete sich hin und hielt seine Hand ins Wasser.

Gar nicht so kalt, stellte er fest. Trotzdem gab er den Plan, die Höhle schwimmend zu erreichen, wieder auf. Er hatte einfach keine Idee, wie er seine Kleidung trocken dorthin bringen sollte.

Also über Land, quer durch die Botanik, dachte Ronny und ging entschlossen auf dem Weg wieder zurück.

Mittlerweile hatten sich seine Augen ein wenig an die Dunkelheit der Nacht gewöhnt und er konnte immerhin Umrisse erkennen. Mit etwas Glück fand er auf Anhieb die Stelle, an der er den Weg verlassen musste, und schlug sich in die Büsche.

Zweimal war er den Weg bereits gegangen, doch das war am helllichten Tag gewesen. Sein Erinnerungsvermögen war aber gut ausgeprägt und so fand er, obwohl er fast nichts sah, traumwandlerisch sicher den richtigen Weg. Allerdings war es wesentlich schwieriger, im Dunkeln über die Bäume zu klettern und tief hängenden Ästen auszuweichen. Er brauchte fast eine halbe Stunde, bevor er die beiden umgestürzten Bäume erreichte, die seine Badehose auf dem Gewissen hatten.

Mist, das habe ich glatt vergessen, dachte Ronny. Angestrengt überlegte er, wie er unter den Bäumen durchkriechen sollte, ohne sich schmutzig zu machen. Er wusste, dass er seine gerade erst begonnene Flucht nur erfolgreich fortsetzen konnte, wenn er nicht auffiel. Mit total verdreckten Klamotten hatte er keine Chance, darüber war Ronny sich im Klaren.

Kurz entschlossen begann er sich bis auf die Unterhose auszuziehen, legte das T-Shirt und die Socken auf die Jeans und rollte die Hose zu einem festen Bündel zusammen. Die Schuhe zog er wieder an.

Okay, also los, dachte er. Er ließ sich auf den nassen Erdboden fallen, tastete nach der Kuhle, die er sofort fand, atmete noch einmal tief ein und wieder aus und krabbelte los.

Er kam nur mühsam voran. Die Erde war von den heftigen Regenfällen aufgeweicht, seine Hände fanden keinen Halt. Außerdem war es stockdunkel und anders als am Nachmittag, als ihm das helle Tageslicht auf der anderen Seite der mächtigen Bäume den Weg gewiesen hatte, konnte er absolut nichts sehen. Zentimeterweise schob er das Kleiderbündel vor und robbte hinterher.

Endlich hatte er es geschafft. Seine Hände waren auf der anderen Seite der Bäume im Freien, das spürte er ganz genau. Er ließ das Bündel los, suchte mit den Händen Halt und bekam einen Ast zu fassen. Ronny packte zu und zog. Sein Körper rutschte über den matschigen Boden. Er kam mit dem Kopf ins Freie und wollte seinen Körper hinterherziehen – doch plötzlich bekam er einen Schlag auf den Rücken und saß fest. Sein Oberkörper war eingeklemmt!

Ganz ruhig bleiben, nahm Ronny sich vor. Er versuchte sich vorsichtig und langsam zu bewegen, doch das war unmöglich. Es ging weder vor noch zurück. Etwas Hartes, Schweres lag auf seinem Rücken und hielt ihn fest.

Ronny spürte, wie Panik in ihm hochstieg. »Hilfe!«, schrie er. »Hilfe! Helft mir doch!«

Er schrie, so laut er konnte. Doch das Atmen fiel ihm von Minute zu Minute schwerer. Der Druck auf seinem Rücken wurde stärker und nahm ihm die Luft.

Ronny verlor das Zeitgefühl. Wie lange lag er bereits eingeklemmt unter den Bäumen? Ein paar Minuten? Eine halbe Stunde?

Irgendetwas in ihm bäumte sich auf. Er tastete nach dem Ast, den er längst losgelassen hatte. Doch jede Bewegung tat höllisch weh. »Hilfe«, stöhnte er nur noch leise und ließ ermattet den Arm sinken.

Plötzlich hörte er Geräusche: Schritte, die sich den Weg durch das Unterholz brachen, und eine Stimme, die nach ihm rief. Sofort waren seine Lebensgeister wieder erweckt.

»Hier bin ich!«, rief er mit der letzten Kraft, die er noch hatte.

»Ronny?«, hörte er die Stimme auf der anderen Seite.

»Hier! Unter den Bäumen! Ich bin eingeklemmt!«

»Ronny! Ich bin's, Patrick!«

Patrick! Dich schickt der Himmel, dachte Ronny und atmete erleichtert auf.

»Was ist passiert?«, rief Patrick.

»Ich weiß nicht. Ich hänge irgendwie fest, ich kann mich überhaupt nicht bewegen.«

»Bist du verletzt?«

»Weiß nicht. Nein, ich glaube nicht«, antwortete Ronny.

»Mach schnell, du musst mich hier rausholen!«

»Das schaffe ich nicht alleine. Warte, ich hole Hilfe!«

»He, Patrick! . . . Patrick?!!«

Keine Antwort. Ronny war wieder allein.

Es dauerte nur wenige Minuten, bis er vom See her ein plätscherndes Geräusch hörte. Doch sie waren ihm vorgekommen wie die Ewigkeit.

»Ronny?!«, rief Patrick. »Ich bin's. Ich hab Herrn Hartmann geholt. Wir kommen mit dem Ruderboot. Gleich holen wir dich da raus!«

Eine Minute später hatten die beiden ihn erreicht. Ronny hörte das schabende Geräusch, als das Ruderboot am Ufer auflief, er hörte die Schritte und sah den Schein einer Taschenlampe, der sich zuckend näherte.

Patrick entdeckte ihn zuerst und stürmte heran.

»Mensch, Ronny, was ist passiert?«

»Ich weiß es doch nicht«, schluchzte er und kniff die Augen zu, weil ihn der Lichtstrahl der Taschenlampe blendete.

»Geh mal zur Seite!«, knurrte Herr Hartmann. Er schob Patrick einfach aus dem Weg, ging in die Knie und leuchtete an Ronny vorbei in das Dunkel unter den Bäumen.

»Aha«, sagte er wenige Augenblicke später. »Einer der

beiden Baumstämme ist verrutscht. Wahrscheinlich ist der Erdboden durch den heftigen Regen aufgeweicht, du hast den Baum berührt und . . . na, wie auch immer, auf jeden Fall liegt ein dicker Ast auf deinem Rücken. Aber keine Sorge, das haben wir gleich. – Hier, halt mal und leuchte dahinein!«

Er drückte Patrick die Taschenlampe in die Hand, kroch mit den Beinen voran ein Stück unter die Bäume und stemmte seine Füße gegen die Baumwurzel.

»Wenn ich ›jetzt‹ sage, krabbelst du sofort raus«, sagte er zu Ronny und sah dann Patrick an. »Und du hilfst deinem Freund, verstanden?«

»Ja«, antwortete Ronny.

»Gut. Bist du bereit?«, fragte Herr Hartmann.

»Moment noch«, sagte Patrick. Er leuchtete Ronny mitten ins Gesicht. »Los, jetzt sag die Wahrheit: Hast du die Telefonkarte geklaut oder nicht?«

»Spinnst du?«, fragte Ronny überrascht. »Holt mich endlich hier raus!«

»Sofort«, entgegnete Patrick. »Aber erst will ich wissen, ob du Sebastians Karte geklaut hast.«

»Nein!«, schrie Ronny. »Wie oft soll ich das denn noch sagen?! Sebastian hat sie mir selbst gegeben!«

»Okay.« Patrick nahm den Taschenlampenstrahl wieder aus Ronnys Gesicht und leuchtete in die Dunkelheit unter den Bäumen.

Herr Hartmann presste seine Arme fest auf den Boden, spannte die Beine an und zählte: »Eins ... zwei ... jetzt!«

Mit aller Kraft drückte er den dicken Ast ein paar Zentimeter hoch. Ronny spürte, wie der Druck auf seinem Rücken nachließ, und wollte loskrabbeln. Doch der Boden war sehr glitschig, er rutschte weg und kam kaum voran – bis Patrick ihn an den Armen packte und herauszog. Erschöpft blieb Ronny auf dem Erdboden liegen.

Herr Hartmann nahm langsam den Druck von dem Ast und zog seine Beine zurück. Gerade noch rechtzeitig. Das Erdreich gab nach und verschüttete die Stelle, wo Ronny eben noch eingeklemmt gewesen war.

»Junge, das war knapp«, stöhnte der Sicherheitsmann. Er atmete tief durch, nahm eine Zigarettenschachtel aus dem Jackett, das er vor der Rettungsaktion ausgezogen und an einen Ast gehängt hatte, und steckte sich eine an. Während er rauchte, sah er Ronny nachdenklich an.

»Ich verstehe dich nicht«, sagte er schließlich. »Du behauptest, du hättest die Telefonkarte nicht gestohlen. Weißt du, was: Ich glaube dir. Aber ich begreife einfach nicht, warum du weggelaufen bist. Dadurch hast du dich doch erst recht verdächtig gemacht! Hast du darüber überhaupt nachgedacht?«

Ronny senkte den Blick und schüttelte den Kopf. »Ich wollte ja nicht nur deswegen weg, sondern . . .«

»Sondern?«, hakte Herr Hartmann nach.

Ronny holte tief Luft. »Ich weiß nicht«, sagte er seufzend.

»Und du willst ein Spitzensportler werden?« Herr Hartmann schnaubte verächtlich. »Eines weiß ich ganz genau, mein Junge: Wenn du auch weiterhin vor jedem Problem

davonläufst, schaffst du das nie. Dieses Sportinternat gehört zu den besten im ganzen Land. Du wirst hier ausgebildet, unterstützt und gefördert. Aber ob du wirklich ein Profi in deiner Sportart wirst, liegt ganz allein an dir.«
Er nahm noch einen tiefen Zug von der Zigarette, drückte die Kippe im feuchten Erdboden aus und stand auf.
»Es wird Zeit«, sagte er. »Geh dich im See waschen, im Boot liegt ein Handtuch. So können wir dich ja nicht zurückbringen.«
Ronny erhob sich langsam. Nachdenklich ging er zum See. Vor Herrn Hartmann blieb er stehen und hob zögernd seinen Kopf. »Danke«, sagte er leise.
»Schon gut, mein Junge«, murmelte Herr Hartmann und schob Ronny zum Wasser.
Wenige Minuten später ruderte der Sicherheitsmann die beiden Jungs zum Strand und brachte sie zurück ins Internat, wo Frau Dombrowski, die Nachtdienst hatte, bereits im Büro unruhig auf sie wartete.
»Da haben Sie den Ausreißer zurück«, sagte Herr Hartmann und wollte gleich wieder nach unten gehen. Doch in der Tür blieb er noch einmal stehen. »Ach, übrigens: Der Junge ist ganz bestimmt kein Dieb. Ich glaube ihm. Gute Nacht.«
»Gute Nacht. Und vielen Dank!«, rief Frau Dombrowski ihm hinterher.
»Ich glaube Ronny auch«, sagte Patrick.
»Ich habe es wirklich nicht getan«, flüsterte Ronny.
Frau Dombrowski sah ihn an. Lange. Schließlich warf sie einen flüchtigen Blick auf die Uhr. »Es ist bereits

nach drei Uhr. Zeit, ins Bett zu gehen und noch etwas zu schlafen. Morgen früh ist die Nacht zu Ende.«

»Ich habe die Karte nicht gestohlen«, sagte Ronny nachdrücklich.

»Nun mach dir mal keine Sorgen, es wird bestimmt alles wieder gut«, meinte Frau Dombrowski mütterlich und schob Ronny und Patrick aus dem Büro. »So, und jetzt ab mit euch ins Bett! Morgen ist auch noch ein Tag, da wird sich bestimmt alles klären. Gute Nacht.«

»Gute Nacht«, wünschten Ronny und Patrick und gingen auf Zehenspitzen über den Flur zu ihrem Zimmer. Zwei Minuten später lagen sie bereits in ihren Betten.

»Wie hast du mich überhaupt gefunden?«, fragte Ronny.

»Zufall«, antwortete Patrick gähnend. »Ich bin wach geworden und hatte Durst. Ich wollte eine Flasche Wasser vom Balkon holen, da hab ich dich schreien gehört.«

»Und wie bist du aus dem Gebäude rausgekommen?«

»Ich habe einfach Herrn Hartmann berichtet, was ich dir gerade erzählt habe, und er hat mich rausgelassen«, erklärte Patrick. »Als ich zurückkam, um Hilfe zu holen, hat er zuerst Frau Dombrowski informiert und ist dann sofort mitgekommen, ohne eine Frage zu stellen.«

»Ausgerechnet Herr Hartmann«, murmelte Ronny und war Sekunden später erschöpft eingeschlafen.

Am nächsten Morgen wurde er von dem Wecker aus einem tiefen Schlaf gerissen. Hundemüde stand er auf, schlich wie betäubt in den Waschraum. Er duschte abwechselnd heiß und kalt, und langsam wurde er munterer. Vom Unterricht bekam er an diesem Vormittag trotzdem nicht viel mit und hatte Glück, dass er nur selten drangenommen wurde.

Als er von der Schule zurück ins Internat kam, wartete bereits Frau Runge auf ihn.

»Komm rein!«, sagte sie und winkte ihn in ihr Büro.

Ronny folgte ihr und setzte sich auf den Stuhl vor ihrem Schreibtisch.

»Selbstverständlich bin ich darüber informiert, was heute Nacht vorgefallen ist«, stellte die Internatsleiterin klar. »Kannst du mir erklären, was du damit bezweckt hast?«

»Ich . . .«, begann Ronny, doch er wusste nicht, was er sagen sollte. Er hob die Schultern und ließ sie mit einem tiefen Seufzer wieder sinken.

»Dir ist hoffentlich bewusst, dass du dich mit deinem Fluchtversuch erst recht verdächtig gemacht hast?!«

»Ich habe Mist gebaut«, gestand Ronny ein. »Es tut mir Leid. Aber . . .«

»Aber?«, setzte Frau Runge nach.

»Ich war es doch nicht! Ich habe die Telefonkarte nicht gestohlen. Herr Hartmann hat gesagt, dass er mir glaubt, und Patrick . . .«

»Ich weiß«, unterbrach die Internatsleiterin, »Patrick glaubt dir und Frau Dombrowski ebenfalls.«

»Echt?« Ronny war überrascht.

»Echt«, sagte Frau Runge und lächelte. »Ich möchte dir ja auch gern glauben. Aber ich verstehe nicht, warum

Sebastian sich so eine Märchengeschichte ausdenken sollte. Hast du vielleicht eine Erklärung dafür?«

»Na ja«, antwortete Ronny und schilderte in wenigen Worten, wie er Sebastian und Tom am Tag der offenen Tür angepöbelt hatte. »Was glauben Sie«, fragte er zum Schluss, »könnte das der Grund sein?«

»Schon möglich«, sagte Frau Runge nachdenklich. »Sebastian ist zwar meistens ein richtig lieber Kerl, aber manchmal ist er auch furchtbar nachtragend.«

»Wie ein Elefant?«, murmelte Ronny.

»Ja, so ungefähr«, lachte Frau Runge. Doch sofort wurde sie wieder ernst. »Ich habe auch das Gefühl, dass er dich nicht besonders gut leiden kann. Am besten ist, ich knöpfe ihn mir noch einmal vor.«

»Danke«, sagte Ronny. Er stand vom Stuhl auf und wollte hinausgehen – doch zögernd blieb er in der Tür stehen. »War's das jetzt? Ich mein...«

»Von mir aus – ja«, sagte die Internatsleiterin. »Dass du heute Nacht abhauen wolltest, das war ja wohl nicht ernst gemeint. Am besten ist, wir vergessen die ganze Angelegenheit, okay? Und was den angeblichen Diebstahl betrifft...« – Frau Runge betrachtete ihn mit einem kritischen Blick –, »so hoffe ich, dass das Gespräch mit Sebastian Licht ins Dunkel bringt. Allerdings neige ich jetzt schon eher dazu, dir zu glauben.«

»Danke«, stöhnte Ronny erleichtert.

Er fühlte sich wie von einer zentnerschweren Last befreit.

»Schon gut«, sagte Frau Runge. »Ich glaube einfach, dass niemand so dumm ist und eine geklaute Telefonkarte in der Hosentasche spazieren trägt. – So, und jetzt ab mit dir!«

Ronny verließ endgültig das Büro und lief zu seinem Zimmer, wo Patrick bereits auf ihn wartete.

»Na, alles klar?«, fragte er. »Warst du schon bei Frau Runge?«

»Ja!«, rief Ronny. »Es ist alles klar, sie glaubt mir auch.«

»Super«, sagte Patrick erfreut. »Dann bleibst du also hier?«

»Ja, natürlich.« Ronny konnte fast selbst schon nicht mehr glauben, dass er noch in der Nacht abhauen wollte. Er stellte seine Schultasche ab und setzte sich auf den Schreibtisch.

»Was glaubst du?«, fragte er seinen Zimmerkumpel. »Schaffen wir beide es? Werden wir Fußballprofis?«

»Ganz bestimmt!«, war Patrick überzeugt. »Aber nur mit Extratraining. Los, komm, wir fangen gleich damit an! Ich zeige dir ein paar Tricks, die der Prinz draufhat. Die üben wir und dann bist du bei unserem ersten Saisonspiel der Spielmacher. Wollen wir wetten?«

»Wetten? Nee, lieber nicht«, wehrte Ronny lachend ab. Die beiden zogen sich in Windeseile um, schnappten sich den Ball, stürmten aus dem Zimmer und liefen den Flur entlang.

»He, geht ihr kicken?«, rief Pitt ihnen hinterher. »Wartet, ich komme mit!«

»Wie gehen schon nach unten!«, rief Patrick.

»Beeil dich!«, fügte Ronny hinzu.

Die beiden rannten die Treppen hinunter und vertrieben sich die Wartezeit mit Dehnübungen, um die Muskeln zu lockern und sich aufzuwärmen. Viele Übungen schafften sie allerdings nicht. Pitt hatte wahrscheinlich den Weltrekord im Umziehen gebrochen, denn er tauchte bereits wenige Minuten später in der Eingangshalle auf.

»Was ist, ihr lahmen Krücken?! Worauf wartet ihr?«, rief er ihnen entgegen und stürmte aus dem Internatsgebäude.

Allerdings achtete er nicht auf den Weg und wäre beinahe gegen den Reisebus gerannt, der mit zischenden Bremsen vor dem Sportinternat stoppte.

»Die Leichtathleten sind wieder da«, stellte Patrick fest.

Zusammen mit Ronny und Pitt bildete er eine Art einseitiges Spalier, an dem die Sportler, die müde von dem mehrtägigen Länderkampf zurückkehrten, vorbeispazierten.

»He, Natascha!«, rief Pitt, als das Mädchen aus dem Bus ausstieg. »Wie war's?«

»Zweite«, antwortete Natascha einsilbig.

»Super!«, meinte Ronny begeistert.

Doch Natascha winkte nur ab und schlich den anderen hinterher ins Internat.

»Wieso freut die sich denn nicht?«, staunte Ronny. »Mensch, ein zweiter Platz ist doch Klasse!«

»Für dich vielleicht«, sagte Pitt. »Für Natascha ist ein zweiter Platz genauso schlecht wie der Letzte. Bei ihr zählen nur Siege.«

»Genau wie bei uns«, rief Patrick. »Und deshalb hören wir jetzt auf zu labern und fangen endlich an zu trainieren!«

Er schnappte sich den Ball und lief auf den Fußballplatz. Ronny und Pitt folgten ihm.

»Wow, Wahnsinn«, stöhnte Ronny begeistert, als er den liebevoll gepflegten grünen Rasen betrat, der zum Sportinternat gehörte.

Es war wunderbar. Der Boden war nicht zu hart und nicht zu weich, sondern genau richtig. Er schien sogar ein wenig zu federn. Ronny hatte beim Laufen das Gefühl über den Rasen zu schweben.

»Gib ab!«, schrie er über den Platz und wetzte die Außenlinie entlang.

Der Pass von Patrick kam millimetergenau. Ronny nahm den Ball mit dem Außenrist mit, dribbelte ein paar Meter und kickte das Leder zurück zu Patrick. Im Doppelpass überquerten die beiden den ganzen Platz.

»Na los, zurück das Ganze!«, rief Pitt, der sich freiwillig ins Tor begeben hatte. »Zuerst üben wir Schüsse aus vollem Lauf von der Strafraumgrenze.«

»Okay!«, schrie Patrick zurück. Er sah hinüber zu Ronny. »Alles klar?«

»Alles klar!«, antwortete Ronny. »Dem hauen wir die Bälle um die Ohren, dass es nur so knallt!«

»Na, dann zeig mal, was du draufhast!«, rief Patrick und spielte Ronny den Ball zu.

»Worauf du dich verlassen kannst«, murmelte Ronny und spurtete grinsend mit dem Ball am Fuß auf das Tor zu.

Bestzeit für Natascha

Eins

»Pass doch auf!«, schimpfte der Fahrer. Mit voller Kraft trat er auf die Bremse und brachte den Reisebus abrupt zum Stehen. Er ballte die Faust und klopfte wütend gegen das Seitenfenster. »Menschenskind, da rennt mir der Kerl doch fast vor die Karre! Hast du keine Augen im Kopf? Mein Bus ist doch wohl groß genug?!«

Natascha schreckte aus dem leichten Schlaf, der sie immer auf längeren Autobahnstrecken überfiel. Blinzelnd versuchte sie sich zu orientieren. Schließlich sah sie hinaus und entdeckte Pitt, der dem Fahrer aus sicherer Entfernung freundlich zulächelte. Bei ihm standen Patrick und Ronny, der Neue, der erst vor wenigen Tagen im Sportinternat eingezogen war.

»Oh, wie nett, ein Empfangskomitee«, meinte Vanessa, die neben ihr saß und durch das Fenster beobachtete, wie die drei Jungs sich vor der Bustür zu einer Art einreihigem Spalier aufbauten.

»Hoffentlich wird daraus kein Spießrutenlaufen«, entgegnete Natascha.

Vanessa sah sie mit einem zweifelnden Gesichtsausdruck an.

»Selbst wenn«, sagte sie schließlich mit einem Achselzucken und klimperte mit ihrer Bronzemedaille, »wir beide hätten da wohl nichts zu befürchten.«

Natascha antwortete nicht. Stattdessen drängelte sie Vanessa von deren Sitz, reihte sich in den schwachen Strom derer ein, die weiter hinten gesessen hatten, und stieg aus dem Bus.

»He, Natascha, wie war's?«, wurde sie von Pitt begrüßt.

»Zweite«, sagte sie einsilbig.

»Super!«, rief Ronny.

Natascha sah ihn sekundenlang beinahe verächtlich an, winkte schließlich kopfschüttelnd ab und verabschiedete sich von den anderen aus der Leichtathletikstaffel des SV Löwenstein, die nicht im Sportinternat wohnten und darauf warteten, vom Busfahrer in die nahe Stadt gebracht zu werden. Dann zog sie ihre Trainingstasche aus dem Kofferraum und ging zusammen mit Vanessa auf den Eingang des Sportinternats zu.

»Wieso freut die sich denn nicht? Mensch, ein zweiter Platz ist doch klasse!«, hörte sie Ronny noch sagen, bevor die große Eingangstür hinter ihr sanft ins Schloss fiel.

»Ich finde, er hat Recht«, meinte Vanessa. »Vielleicht musst du einfach nur akzeptieren, dass Sylvie besser ist.«

»Red doch keinen Quatsch«, giftete Natascha sie an. »Ein zweiter Platz ist genauso schlecht wie ein letzter. Das Einzige, was wirklich zählt, ist der Sieg. Wenn ich daran nicht mehr glauben würde, könnte ich gleich ganz mit dem Laufen aufhören.«

»Für dich mag das stimmen«, schränkte Vanessa ein und machte keinen Hehl daraus, dass sie sich weiterhin über den dritten Platz freute, den sie errungen hatte. »Ich wollte dich bloß trösten.«
»Ich weiß«, lenkte Natascha ein. »Aber ich schätze, das wird dir heute nicht mehr gelingen.«
»Schade eigentlich. Na ja, einen Versuch war es auf alle Fälle wert«, meinte Vanessa.

Sie hakte sich bei Natascha ein und ging mit ihr durch die große Eingangshalle, am Empfangstresen vorbei, hinter dem Herr Hartmann thronte.

»Ihr müsst die Treppe nehmen«, sagte der Sicherheitsmann statt einer Begrüßung. »Der Fahrstuhl ist immer noch kaputt, er wird erst nächste Woche repariert.«

»Auch das noch«, stöhnte Natascha und zog die Tür zum Treppenhaus auf.

»Sag mal, wie findest du eigentlich den Neuen, diesen Ronny?«, fragte Vanessa, während die beiden nebeneinander die Stufen hochstapften. »Ich finde ihn süß.«

»Kein Wunder, du findest doch jeden süß«, grantelte Natascha.

»Ja, und du keinen!«, erwiderte Vanessa.

»Na und? Die Jungs interessieren mich eben nicht. Die meisten sind sowieso blöd. Außerdem habe ich keine Zeit für einen Freund.«

»Ich hätte gern einen«, seufzte Vanessa.

»Und wozu?«, fragte Natascha.

»Na, wenn du das nicht weißt . . . – He, wo willst du hin?«, fragte Vanessa, als sie im dritten Stockwerk angekommen waren. »Unsere Zimmer sind jetzt hier.«

Ach ja, dachte Natascha, der Umzug! Ganz aus Gewohnheit hatte sie eine Etage höher gehen wollen, wo noch vorige Woche die Mädchenzimmer gewesen waren. Doch auf der letzten Vollversammlung des Internats, an der alle teilgenommen hatten, die in die siebte oder achte Klasse gingen, war darüber abgestimmt worden, dass ab sofort die Jungs und Mädchen auf einem Stockwerk wohnten. Am Montag, vor der Abreise zu dem Sportfest, waren die Mädchen umgezogen.

»So ein Mist«, fluchte Natascha leise. Mit Grausen dachte

sie daran, dass ihr neues Zimmer noch überhaupt nicht eingerichtet war. Sie war zwar auch für den Umzug gewesen und hatte sogar zu denen gehört, die einen dementsprechenden Wunschzettel geschrieben hatten, doch jetzt passte ihr das überhaupt nicht. Sie war müde. Die Anstrengungen von zwei langen Busfahrten und vier harten Rennen über die Sprintstrecke steckten ihr in den Knochen; 350 Kilometer hin, 350 Kilometer zurück, zwei Vorläufe, das Halbfinale und heute Morgen noch das Finale – und das alles innerhalb von nur zweieinhalb Tagen. Die ganze Rückfahrt über hatte sie davon geträumt, heiß zu duschen und sich dann auf ihrem Bett auszuruhen, die Kopfhörer vom Walkman über den Ohren. Doch das konnte sie sich jetzt wohl abschminken.

»Mist«, wiederholte Natascha den Kraftausdruck, bevor sie an Vanessa vorbeimarschierte, die ihr die Tür zum dritten Stock aufhielt.

»Hallo, ihr beiden«, rief Frau Runge, die erst vor wenigen Monaten die Leitung des Internats übernommen hatte, und winkte die Mädchen in ihr Büro, das schräg gegenüber dem Treppenhaus lag. »Na, was habt ihr mitgebracht?«

»Bronze«, sagte Vanessa und zeigte stolz die Medaille, die sie als Drittplatzierte im Kugelstoß-Wettbewerb gewonnen hatte.

Die Internatsleiterin nickte anerkennend, bevor sie Natascha einen fragenden Blick zuwarf. »Und du?«

»Zweite.« Natascha versuchte möglichst gleichgültig zu klingen. Doch sie konnte Frau Runge nicht täuschen.

»Ach, Mädchen«, sagte die Leiterin mitfühlend. »Wer hat gewonnen? Etwa wieder diese Sylvie aus Dortmund?«

Natascha nickte. »Die werde ich nie packen«, sagte sie resigniert. »Die ist einfach zu gut. Sie hat eine unglaubliche Reaktionszeit. Wenn der Startschuss fällt, ist sie schon aus den Blöcken. Auf den ersten zehn Metern nimmt sie mir zwei ab! Das kann ich einfach nicht aufholen, nicht auf der Kurzstrecke.«

»Doch, das schaffst du ganz bestimmt. Du musst nur fleißig weiter trainieren«, war die Internatsleiterin über-

zeugt. »Arbeite an deinem Start, dann packst du sie eines Tages.«

»Glauben Sie wirklich?«, fragte Natascha und schöpfte plötzlich neue Hoffnung.

»Ja, sicher. Aber nicht mehr heute. Ruht euch erst einmal aus«, schlug Frau Runge vor. »Die Fahrt war doch bestimmt sehr anstrengend, oder?«

»Schon«, sagte Natascha ausweichend, »aber . . .«

Sie machte auf dem Absatz kehrt und eilte über den langen Flur zu ihrem neuen Zimmer. Die Müdigkeit war verflogen. Frau Runge hat Recht, dachte sie, ich muss einfach nur noch mehr trainieren.

Sie zog den Schlüssel aus der Tasche, öffnete die Tür – und war überrascht. Das Zimmer war komplett eingerichtet! Ihr Bett war bezogen, die Kleider hingen ordentlich im Schrank, die Schulsachen waren im Schreibtisch einsortiert und auf dem Tisch stand sogar eine Blumenvase mit einer einzelnen weißen Rose, ihrer Lieblingsblume. Daneben lag ein Willkommensgruß von Kim, mit der sie schon im ehemaligen Mädchenstock das Zimmer geteilt hatte.

Natascha packte die Sporttasche aus, zog sich in Windeseile um, nahm ihren Füller vom Schreibtisch, schrieb in krakeligen Buchstaben *Danke – bis nachher* auf den Zettel und verließ das Zimmer.

Auf dem Parkplatz vor dem Internatsgebäude machte sie Dehnübungen, um die Muskeln, die von der langen Busfahrt verhärtet waren, zu lockern und sich langsam aufzuwärmen. Dann lief sie zum Sportplatz, auf dem die drei Jungs Fußball trainierten. Pitt stand im Tor und wartete auf die Bälle, die Patrick und Ronny ihm von der Strafraumgrenze um die Ohren knallten.

Natascha trabte locker und in gemäßigtem Tempo um den Sportplatz, um ein Gefühl für das Laufen zu bekommen. Doch sie schaffte es nicht. Sie spürte, dass sie beobachtet wurde, und das nervte! Zweimal schielte sie zu den Jungs auf dem Rasen, als sie um die Kurve lief, und beide Male ertappte sie Pitt dabei, wie er seinen Kopf schnell zur Seite drehte, bevor sich ihre Blicke treffen konnten.

Jungs sind blöd. Ich möchte echt mal wissen, was der davon hat, mich die ganze Zeit anzuglotzen!, dachte

Natascha verärgert. Prompt kam sie aus dem Rhythmus. Sie strauchelte und musste wild mit den Armen rudern, um das Gleichgewicht wieder zu finden und nicht zu stürzen.

»He, seht mal, 'ne Windmühle auf zwei Beinen!«, kreischte Pitt vergnügt.

Idiot! Dumpfbacke! Blödmann!, schimpfte Natascha stumm und ahnte gleichzeitig, dass ihr Rumgehampel wohl tatsächlich ziemlich komisch ausgesehen haben musste. Sie spürte, wie ihr das Blut in den Kopf schoss. Cool bleiben, ermahnte sie sich selbst, bloß nicht darauf achten!

Sie richtete ihren Blick stur auf die Kunststoffbahn, die rund um den Fußballplatz führte, und versuchte gleichmäßige Schritte zu machen und den Atemrhythmus ihrem Tempo anzupassen. Doch sie kam nicht weit.

»Vorsicht!«, hörte sie einen der Jungs rufen. Sekundenbruchteile später fand sie sich auf dem Boden wieder. Wie drei Kugelblitze rasten die Fußballspieler über den Platz. Pitt hatte den kürzesten Weg. Er war als Erster bei Natascha und half ihr auf die Beine.

»Ist alles in Ordnung mit dir?«, fragte Patrick mit besorgter Stimme.

»Ich glaub schon«, knurrte Natascha. Sie drehte ihren Kopf und warf Pitt, der immer noch dicht hinter ihr stand und sie festhielt, einen bösen Blick zu. »Du kannst mich jetzt übrigens loslassen«, fauchte sie ihn an.

»Oh, ja, klar.« Pitt zuckte zurück. »'tschuldigung«, stammelte er.

»He, Natascha, entspann dich«, sagte Patrick. »Es war ja nicht mit Absicht. Außerdem hat Ronny dich noch gewarnt.«

»Wovor überhaupt?«, fragte das Mädchen. »Was ist eigentlich passiert?«

»Du bist über den Ball gestolpert«, erklärte Patrick. »Ronny hat einen meiner genialen Pässe nicht stoppen können . . .«

»Genialer Pass?!«, unterbrach Ronny empört. »Der Ball ging doch meilenweit vorbei. Den Pass hätte nicht einmal dieser Michael Greene, der Weltmeister im 100-Meter-Lauf, erreicht!«

»Der heißt nicht Michael, sondern Maurice. Maurice Greene, ein Amerikaner. Weltmeister 1999 in Sevilla, in 9,80 Sekunden«, erwiderte Natascha automatisch.
»Wow!«, sagte Pitt spöttisch. »Schade, dass du nicht so schnell bist, dann hättest du dich nicht in den Staub gepackt.«
Natascha warf dem Jungen einen verunsicherten Blick zu. Wie hatte er das gemeint? War das eine Anspielung darauf, dass sie wieder nur Zweite geworden war? Sekundenlang starrte Natascha ihn an. Ihr Blick wurde kalt, die Augen verengten sich zu schmalen Schlitzen.
»Arsch«, zischte sie.
Pitt grinste frech.
»Du fieses Arschloch!«, schrie sie, schob Patrick beiseite und rannte los. Erneut kam ihr der Ball in die Quere, doch diesmal sah sie ihn früh genug und kickte die Lederkugel aus vollem Lauf quer über den ganzen Platz.
Als sie die Gegenseite erreichte, sah sie aus den Augenwinkeln, wie die Jungs langsam in Richtung Platzmitte trabten, und war erleichtert, dass sie nicht noch einmal an den dreien vorbeilaufen musste.
Sie drosselte das Tempo und lief langsam aus. Als sie die Stelle passierte, wo sie eben gestürzt war, bemerkte sie, dass sie allein war. Die drei Fußballspieler waren verschwunden.
Gott sei Dank, seufzte Natascha. Sie verließ die Kunststoffbahn und ging an der Sprunggrube vorbei zu der kurzen Aschenbahn, die extra für die Leichtathleten angelegt worden war, um Starts zu üben. Sie öffnete

den Geräteschuppen, um einen Startblock herauszuholen. Doch plötzlich spürte sie die große Müdigkeit wieder, die sie in der letzten halben Stunde verdrängt hatte.

»He, komm, Natascha, reiß dich zusammen«, versuchte sie sich selbst noch einmal zu motivieren und die Erschöpfung klein zu reden, doch schließlich sah sie ein, dass es keinen Sinn hatte, weiter zu trainieren.

»Also gut, Schluss für heute. Aber morgen mach ich dafür das doppelte Programm!«, versprach sie sich selbst. Sie schloss die Schuppentür, und während sie in gemächlichem Tempo zurück zum Sportinternat lief, freute sie sich bereits auf eine heiße Dusche.

Wenige Minuten später stand sie vor dem Duschraum, nur in ein großes Badehandtuch gewickelt, das sie über der Brust verknotet hatte, und starrte auf ein Plakat, das offensichtlich gleich nach dem Umzug der Mädchen aufgehängt worden war, als die Leichtathletikstaffel auf dem Weg zum Sportfest gewesen war.

»Was soll denn das bedeuten?«, fragte sie Frau Dombrowski, die gerade vorbeikam.

Die dienstälteste Erzieherin im Internat schaute auf das Plakat, blickte auf ihre Uhr und sagte mit bedauernder Stimme: »Jungs-Zeit.«

»Wie – Jungs-Zeit?«, fragte Natascha.

»Na, jetzt können die Jungs duschen, wenn sie wollen«, sagte Frau Dombrowski. »Die nächste Mädchen-Zeit beginnt in zwanzig Minuten. So lange musst du dich gedulden.«

»Gedulden?«, fragte Natascha verständnislos.

»Du hast doch nicht etwa geglaubt, dass wir euch auch noch gemeinsam duschen lassen?!« Die Erzieherin lachte kurz auf. »Es ist schon ein großes Entgegenkommen von uns, dass Jungs und Mädchen gemischt auf einer Etage wohnen dürfen. Mehr könnt ihr wirklich nicht verlangen.«

»Ja – und jetzt?« Natascha sah die Erzieherin mit großen Augen an. »Was soll ich jetzt machen? Ich habe eben noch trainiert und bin total durchgeschwitzt!«

»Pech, Mädchen. Ihr habt es ja so gewollt«, meinte Frau Dombrowski mit einem Schulterzucken. »Versteh mich

nicht falsch: Ich bin durchaus dafür, den Versuch mit dem gemeinsamen Wohnen von Jungs und Mädchen auf einem Flur zu wagen. Ich bin zwar nicht mehr die Jüngste und zu meiner Zeit wäre so etwas undenkbar gewesen – aber man muss halt mit der Zeit gehen. Vor allem, wenn man mit jungen Menschen arbeitet.«

»Aber?«, fragte Natascha, die den Unterton in der Stimme der Erzieherin nicht überhört hatte.

»Aber alles hat seine Grenzen«, sagte Frau Dombrowski prompt. »Wie schnell ist etwas passiert, und dann stehst du da und hast dein ganzes Leben ruiniert, bevor es überhaupt richtig begonnen hat.«

Natascha rollte genervt die Augen. »Aber die Jungs interessieren mich doch überhaupt nicht.«

»Gut, aber wer sagt dir, dass es umgekehrt genauso ist?!«, trumpfte die Erzieherin auf.

»Mensch, ich will doch nur duschen!«

»Das kannst du ja auch.« Die Erzieherin blickte erneut auf ihre Uhr. »In genau achtzehn Minuten.«

»Aber . . .«, setzte Natascha erneut an, um Frau Dombrowski zu überreden, doch sie unterbrach sich selbst. Plötzlich war ihr eine Idee gekommen. »Kann ich denn oben duschen? Auf dem ehemaligen Mädchenflur?«

»Geht nicht, da ist bereits das Wasser abgestellt. Dir wird nichts anderes übrig bleiben, als dich zu gedulden.«

»Mist.« Natascha verschränkte ihre Arme und starrte auf die Tür zum Duschraum. »Ist denn da überhaupt ein Junge drin?«

Blitzschnell stieß sie die Tür auf und blinzelte in den Raum.

»Natascha!«, rief Frau Dombrowski empört. »Jetzt ist Schluss mit den Zicken. Ab mit dir auf dein Zimmer. Ich will dich nicht wieder auf dem Flur sehen, bevor die Mädchen-Dusch-Zeit begonnen hat.«

»Ja ja«, sagte Natascha genervt und ließ sich ohne viel Gegenwehr von der Tür wegschieben.

»Ich muss mich doch sehr wundern«, sagte die Erzieherin immer noch aufgebracht. »Hast du die Sache mit Markus etwa schon vergessen?«

»Das werde ich nie vergessen!«, rief Natascha und kicherte. Allerdings konnte sie nicht verhindern, dass ihr die Verlegenheit plötzlich ins Gesicht geschrieben stand.

Die ›Sache mit Markus‹ war ein paar Wochen zuvor passiert, am Tag der offenen Tür, kurz vor den Sommerferien. Der Duschraum auf dem damaligen Mädchenflur war hoffnungslos überfüllt gewesen und vor Natascha warteten noch vier andere Mädchen. Kurz entschlossen war sie ein Stockwerk tiefer in den Jungsduschraum gegangen, der menschenleer war. Jedenfalls in dem Moment, als sie ihn betrat. Als sie fertig geduscht hatte, stand Markus vor einem der Waschbecken, putzte sich die Zähne und erblickte Natascha in ihrer unverhüllten Schönheit im Spiegel. Vor Schreck hatte er sein Wasserglas zerbrochen und sich eine Scherbe tief in die Hand gerammt. Es hatte einen Riesenwirbel gegeben und Frau Runge hatte sogar Konsequenzen angedroht – doch zum

Glück hatten wenig später die Sommerferien begonnen und in der Zwischenzeit war offensichtlich Gras über die Sache gewachsen.

»Eine Menge Jungs fliegen auf dich«, beendete die Erzieherin Nataschas Reise in die Erinnerung.

»Ist mir egal, die interessieren mich nicht«, brummte Natascha.

Frau Dombrowski überhörte die Worte, die sich fast wie auswendig gelernt anhörten, und musterte das Mädchen mit den langen, geraden Beinen, dem hübschen Gesicht und den nicht zu übersehenden weiblichen Rundungen. »Ich kann die Jungs verstehen. Wenn ich einer wär, würde ich mich wahrscheinlich auch in dich vergucken. Nur diese Haare . . .!«

Natascha grinste. Eigentlich störte sich niemand mehr daran, dass sie fast jede Woche ihre Haare anders färbte. Außer Frau Dombrowski. Die verstand vieles nicht, was die Jugendlichen im Sportinternat begeisterte. Aber sie meckerte nicht herum, sondern nahm alles so, wie es eben kam. Meistens zumindest.

»Vierzehn Minuten noch«, sagte Frau Dombrowski mit einem Blick auf ihre Uhr, »dann hast du es geschafft. Tut mir Leid für dich, aber Regeln sind nun mal Regeln.« Sie drehte sich um und ging.

»Regeln sind nun mal Regeln«, äffte Natascha die Erzieherin nach, als die außer Hörweite war, zuckte resignierend mit den Schultern und verschwand in ihrem Zimmer.

Zwei

»Mann, ist das öde«, stöhnte Pitt. »Können wir nicht mal was anderes machen, als immer nur im Klubraum rumzuhängen?«
»Ich weiß gar nicht, was du hast. Ist doch klasse hier«, meinte Ronny. Er spürte, wie Jenny neben ihm ihr linkes Bein an sein rechtes presste und ganz leicht auf und ab bewegte. Ronny drehte sich zu ihr um und zwinkerte ihr zu. »Findest du doch auch, oder?«
»Was?«, fragte Jenny. Ihre Stimme klang sehr abwesend.
»Nix«, brummte Ronny. Ein himmlisches, bisher unbekanntes Gefühl krabbelte durch seinen ganzen Körper. Gleichzeitig brachte es ihn höllisch durcheinander.
»Nicht wichtig.«
»Was hat er gesagt?«, fragte Patrick. Er saß eng an Ramona gekuschelt auf dem Sessel an der Stirnseite des Tisches, nur eine Armlänge entfernt.
Trotzdem konnte Ronny die beiden kaum erkennen. Nur die bunten Lampen der Lichtorgel, die im Rhythmus der wummernden Musik flackerten, das gedämpfte Licht über dem Tresen und die wenigen Kerzen auf den Tischen sorgten dafür, dass es im Klubraum nicht stockdunkel war.

»Ich hab gesagt, dass es hier öde ist, und gefragt, ob wir nicht mal was anderes machen können«, wiederholte Pitt.

»Öde?!« Ronny sah sich um. Ein paar schemenhafte Gestalten bewegten sich auf der Tanzfläche. Aus dem Billardraum nebenan drang fröhliches Lachen und ab und zu ein klackendes Geräusch, wenn zwei Kugeln aufeinander prallten. Vier oder fünf Jugendliche standen an der Theke und probierten die alkoholfreien Cocktails, die Kim in wilden Variationen zusammenmixte. Der noch am hellsten beleuchtete Tisch gleich neben der Eingangstür war von ein paar Leichtathleten bevölkert, die erst vor wenigen Stunden von dem internationalen Jugend-Sportfest zurückgekehrt waren und jetzt lautstark und gut gelaunt ihr erfolgreiches Abschneiden feierten. Alle Anwesenden schienen sich prächtig zu amüsieren.

»Ist klar, stimmt, ist echt öde hier!« Ronny zeigte Pitt einen Vogel, während Patrick sich kichernd wieder über Ramona beugte.

»Oh Mann, jetzt geht das Geknutsche schon wieder los«, beschwerte sich Pitt.

»Lass sie doch«, meinte Ronny und spähte selbst für einen Moment zu den beiden hinüber.

Patrick und Ramona waren noch nicht lange zusammen. Genau genommen erst seit etwas mehr als einer Stunde. Nach dem Abendessen hatten die beiden Mädchen Ronny und Patrick vor der Mensa abgefangen.

»Ich muss was ganz Wichtiges mit dir besprechen«, hatte Ramona zu Patrick gesagt, und bevor Ronny reagieren und den beiden nachlaufen konnte, hatte Jenny ihn an die Hand genommen und mit sich gezogen.

»Die brauchen uns nicht«, hatte sie nur gesagt und erst im Klubraum seine Hand wieder losgelassen.

Schade, hatte Ronny gedacht. Immerhin setzte sie sich direkt neben ihn auf das alte, abgewetzte Sofa in der dunkelsten Ecke. Es war wunderbar, Jenny so nahe neben sich zu spüren. Er traute sich kaum zu atmen, geschweige denn sich zu bewegen. Und aus seinem Mund kam nur Blödsinn. Stotternd und stammelnd vor Aufregung hatte er versucht herauszufinden, was Ramona von Patrick wollte. Jenny hatte ihn nur stumm angesehen wie einen Außerirdischen.

Minuten später hatte er gewusst, warum. Patrick und Ramona waren Hand in Hand in den Klubraum gekommen, hatten sich mehr auf- als nebeneinander zu zweit in den engen Sessel gezwängt und geküsst. Auf den Mund. Einfach so. Als ob es das Selbstverständlichste von der Welt wäre.

Ronny war total überrascht gewesen. Ausgerechnet Patrick, mit dem er das Zimmer teilte und der von sich behauptete Mädchen gegenüber schüchtern, wenn nicht gar ängstlich zu sein . . . – ausgerechnet Patrick, hatte Ronny gedacht, als er plötzlich Jennys Bein an seinem spürte, sich zu ihr umdrehte und in ein strahlendes Lächeln blickte. Vollkommen verwirrt war er aufgesprungen und hatte Getränke vom Tresen geholt. Als er zurückkam, saß Pitt bei ihnen am Tisch und starrte Löcher in die Luft. Wie von selbst hatte Ronny sich wieder neben Jenny gesetzt, allerdings mit ein paar Zentimetern Abstand. Doch Jenny hatte die erstbeste Gelegenheit genutzt und war, als sie sich vorbeugte, um ihr Glas auf dem Tisch abzustellen, unauffällig wieder ganz dicht an ihn herangerutscht.

»Atempause«, ächzte Ramona und schnappte nach Luft, während sie einen Labellostift aus der Tasche ihrer Jeans zog und sich die Lippen eincremte.

»Iiih«, machte Patrick, »muss das sein?«

»Klar«, kicherte Ramona, »sonst sind meine Lippen morgen wund geküsst.«

»Woher weißt du das?«, fragte Patrick mit einem schnippischen Unterton. »Hast du darin Erfahrung?«

»Sicher«, konterte Ramona, »du etwa nicht?«
Patrick schluckte. »Äh, doch . . . 'ne Menge . . .«, stammelte er und griff nach seinem Glas.
Ramona grinste Jenny an und drehte sich dann zu Pitt. »Was willst du denn anderes machen? Hast du einen Vorschlag?«
Pitt sah sie überrascht an. Er hatte offensichtlich nicht mehr damit gerechnet, dass irgendjemand auf seine Worte einging. »Ich weiß nicht«, sagte er zögernd nach einer kurzen Pause, »vielleicht ins Kino?«
»Kino ist gut!«, riefen Jenny und Ramona sofort wie aus einem Mund.
Patrick sah auf seine Uhr. »Dann müssen wir aber gleich los«, stellte er fest. »Die letzte Vorstellung beginnt um zwanzig Uhr, das ist in einer halben Stunde!«
»Was läuft denn überhaupt?«, wollte Ronny wissen.
»Mann, das ist doch ganz egal«, stöhnte Jenny und rollte die Augen.
»Eben«, kicherte Ramona, »Hauptsache Kino!«
»In Löwenstein gibt es ein Multiplexkino«, erklärte Pitt. »Gleich am Stadtrand, nicht weit von hier. Das sind acht Kinos in einem. Da werden wir schon einen Film finden, der uns gefällt.«
»Und wenn nicht, macht das auch nichts«, meinte Ramona und wiederholte: »Hauptsache Kino.«
»Jungs«, seufzte Jenny leise und schüttelte kaum merklich den Kopf. »Haben keine Ahnung, was wirklich wichtig ist.«
Abrupt sprang sie auf. »Los, kommt, worauf wartet ihr

noch?!« Energisch zog sie Ronny hoch, während Ramona sich bei Patrick einhakte.

»Seid ihr sicher, dass ich nicht störe?«, fragte Pitt abwartend.

»Ganz sicher«, sagte Ramona.

»Du kommst mit«, beschloss Jenny. »Schließlich war es deine Idee.«

Die beiden Mädchen nahmen Pitt in ihre Mitte. Zu fünft verließen sie den Klubraum und stiefelten die Treppe hoch.

»Dürfen wir denn überhaupt noch weg?« fragte Ronny. Er wohnte erst seit kurzem im Sportinternat Löwenstein. In den wenigen Tagen hatte er zwar für viel Wirbel gesorgt, aber noch keine Zeit gehabt, die Hausordnung mit allen Regeln und Pflichten auswendig zu lernen.

»Klar«, rief Pitt, während die fünf am Empfangstresen vorbei in Richtung Treppenhaus marschierten, kritisch beäugt von Herrn Schneider, einem der vier Wachmänner, die in Wechselschicht rund um die Uhr im Sportinternat für Sicherheit sorgten. »Schließlich leben wir hier nicht in einem Gefängnis, auch wenn das manche zu glauben scheinen.«

»Solche Typen wie du gehören auch eingesperrt«, konterte Herr Schneider, der sich prompt angesprochen fühlte. »Das grenzt ja schon an ein Verbrechen, so schlecht, wie du Fußball spielst!«

»Ach ja?« Pitt blieb stehen und drehte sich langsam um. »Wir können ja mal gegeneinander spielen«, schlug er

vor. »Eins gegen eins, auf einem kleinen Feld, mit kleinen Toren. Wer zuerst zehn Tore hat . . .«
»Nee, lass mal«, unterbrach der Sicherheitsmann lachend, »das schaffe ich wirklich nicht mehr, dafür bin ich zu alt und du zu flink. Aber ich kann mich gern mal hier im Internat und in der Schule umhören, bei den Mitarbeitern und den Lehrern. Ich kriege bestimmt eine Mannschaft zusammen, die euch jungen Spunden zeigt, was guter Fußball ist.«
»Wir gegen die Alten? Das ist gut, ich stelle auch ein Team zusammen«, sagte Pitt. Er streckte Herrn Schneider seine Hand entgegen. »Abgemacht. Aber Sie dürfen keine Hilfsmittel benutzen. Nicht, dass nachher einer noch mit einem Rollstuhl auf das Spielfeld kommt!«
»Wart's ab, Bürschchen!« Der Wachmann schlug lachend ein. »Ich bin vielleicht nicht mehr der Jüngste, aber ich habe die Kraft der zwei Herzen!«
Pitt suchte nach einem anderen Werbespruch, mit dem er antworten konnte, doch Ramona drängelte plötzlich.
»Komm endlich«, sagte sie, »die Zeit wird knapp.«
»Wo wollt ihr denn noch hin?«, fragte Herr Schneider.
»Ins Kino.«
Der Wachmann sah auf seine Uhr. »Wenn ihr wollt, kann ich euch hinfahren. Ich werde gleich abgelöst. Mein Kollege ist schon da, er zieht sich gerade um«, erklärte er, während er bereits den Telefonhörer in die Hand nahm und die Nummer vom Büro im dritten Stock anwählte. »Frau Runge?«, fragte er nach wenigen Sekunden in den Hörer. »Hier Schneider, vom Wach-

dienst. Ein paar von Ihrer Rasselbande wollen noch ins Kino ...«

»...«

»Ramona, Jenny, Patrick, Pitt und Ronny ...«

»...«

»Ja, ich habe Feierabend und nehme sie in meinem Auto mit. Die Namen notiere ich. Sie werden spätestens um 23 Uhr wieder hier sein ...«

»...«

»Vielen Dank, werde ich haben. Und Ihnen eine ruhige Nacht.«

Der Wachmann legte auf. »Alles klar«, sagte er und wendete sich Herrn Hartmann zu, der Nachtdienst hatte und während des kurzen Telefonats erschienen war. Routiniert wickelten die beiden die Übergabe ab.

»Wir dürfen jederzeit raus, auch in die Stadt«, nutzte Patrick den Moment, um auf Ronnys Frage zu antworten. »Abends wird das Internat allerdings abgeschlossen, und wer nach 22 Uhr kommt, muss sich abmelden. Auch, wer über Nacht wegbleiben will. Verstanden?«

Ronny nickte. Wenige Augenblicke später war Herr Schneider startklar und führte die jungen Sportler zu seinem Auto. Die beiden Mädchen drängelten sich zusammen mit Ronny und Patrick auf den Rücksitz, während Pitt es sich auf dem Beifahrersitz bequem machte. Er kurbelte das Seitenfenster herunter und entdeckte Natascha, die auf dem kleinen Balkon vor ihrem Zimmer stand.

»He, Natascha!«, rief er hoch und winkte, um auf sich

aufmerksam zu machen. »Wir fahren ins Kino. Kommst du mit? Hier ist noch genügend Platz!«

»He, du spinnst wohl!«, beschwerte sich der Wachmann. »Ihr seid sowieso schon einer zu viel, der Wagen ist eigentlich nur für fünf Personen zugelassen.«

»Ach, halb so wild. Wir rücken ganz eng zusammen«, winkte Pitt ab. »Was ist?! Kommst du mit?!«

»Ins Kino? Nee, keine Lust. Bin zu kaputt!«, drang Nataschas leise Stimme in den Wagen. »Aber – hast du Kim gesehen?«

»Die ist im Klubraum!«, rief Pitt. »Sie hat Tresendienst!«

»Und Vanessa?«

»Keine Ahnung. Vielleicht im Billardraum! – Willst du echt nicht mit?!«

»Echt nicht! Tschüss, viel Spaß!«

»Schade«, murmelte Pitt und drehte sich zu dem Wachmann um. »Von mir aus können wir losfahren.«

»Sehr wohl, mein Herr. Wie Sie wünschen«, lachte Herr Schneider und betätigte den Anlasser.

Die Fahrt dauerte nicht lange. Nur den Weg über das Internatsgelände hinunter bis zur Bundesstraße, die durch einen Mischwald führte und sich an dem Ufer eines der vielen Seen in dieser Gegend entlangschlängelte, bis unvermittelt das Ortseingangsschild von Löwenstein auftauchte. Gleich an der ersten Kreuzung hielt Herr Schneider an und ließ die fünf Sportler aussteigen. Das Kino erstrahlte in buntem, hellem Neonlicht und war schon von weitem zu sehen gewesen.

»Viel Vergnügen«, wünschte der Wachmann, zog die Beifahrertür zu und fuhr davon.

Mitten in der Woche war das Kino nicht sehr bevölkert. Die fünf lasen die Kinoplakate und entschieden sich schnell für einen Actionfilm, der zugleich spannend, witzig und romantisch sein sollte.

Nur Ronny war nicht so begeistert. »Ein Überraschungsei-Film: Drei Dinge auf einmal! So ein Quatsch – das geht gar nicht«, regte er sich auf. Er liebte Filme und besaß über hundert Videos, die er allerdings nicht mitgebracht hatte, als er ins Sportinternat gezogen war. Sie lagen alphabetisch geordnet in zwei Kartons in seinem Zimmer bei seinen Eltern in Hamburg.

»Wieso sollte das nicht gehen?«, fragte Patrick.

»Weil witzige Actionfilme nicht spannend sind«, erklärte Ronny überzeugt.

»Aber Romantik ist spannend«, meinte Jenny.

»Ja«, bestätigte Ramona, »und manchmal auch witzig!« Laut kreischend stürzte sie sich auf Patrick und begann ihn durchzukitzeln.

»Nicht!«, schrie Patrick, halb lachend, halb bereits der Verzweiflung nahe. Nur mühsam konnte er sich aus dem festen Griff befreien und rannte davon, doch Ramona heftete sich sofort an seine Fersen.

»Muss Liebe schön sein«, stöhnte Pitt.

»Probier's doch mal aus«, schlug Jenny keck vor. Wieder nahm sie wie selbstverständlich Ronnys Hand und zog ihn mit sich ans Ende der nicht sehr langen Schlange vor der Kinokasse.

»Ich hole Popcorn«, beschloss Pitt.

»Bring Cola mit«, rief Jenny ihm hinterher. »Und eine Portion Nachos mit Käsesauce und viel Peperoni.«

»Für mich ein Eis!«, sagte Ronny.

»Ich will auch ein Eis!«, schrie Patrick, der auf der Flucht vor Ramona angestürmt kam und sich hinter Ronny verschanzte.

»Angsthase!«, zischte Ramona ihm zu, drehte sich um und folgte Pitt zu den Verkaufsständen. »Warte, ich helf dir tragen!«

Die Frau an der Kasse war schnell. Sie verkaufte die Tickets fast im Minutentakt.

»Fünfmal Kino 3«, orderte Patrick, der inzwischen von allen das Geld eingesammelt hatte.

»Möglichst weit hinten und in der Mitte.«

»Am besten in der letzten Reihe«, fügte Ramona hinzu und strahlte Patrick mit verliebten Augen an.
»In der letzten Reihe habe ich nur noch Außenplätze«, sagte die Kartenverkäuferin.
»Okay?«, fragte Patrick und sah die anderen fragend an, die zustimmend nickten.

»Gut, dann fünf Mal, bitte.«

»Bring mir eine mit!«, rief plötzlich eine Stimme.

Patrick fuhr herum. Doch seine Miene hellte sich sofort auf, als er Fabian entdeckte, einen der Mittelfeldspieler aus seiner Mannschaft, der an der mittlerweile wieder länger gewordenen Schlange vorbeihastete.

»Mensch, hab ich ein Glück«, freute sich Fabian und begrüßte Ronny, während Patrick eine sechste Eintrittskarte kaufte.

Auch Ronny freute sich. Gleich beim ersten Training mit seiner neuen Mannschaft war ihm Fabian aufgefallen, weil der sehr nett und freundlich gewesen war und Ronny behandelt hatte, als gehörte er schon seit Jahren dazu.

Fabian lächelte den beiden Mädchen zu und sagte dann zu Pitt: »Dich kenne ich. Du bist doch der Torwart von der zweiten Mannschaft, oder?«

»Stimmt«, bestätigte Pitt und nannte seinen Namen. »Aber nicht mehr lange. Ich war in den Sommerferien in einer Fußballschule in Frankreich und hab 'ne Menge gelernt. Wart's ab, spätestens zum Beginn der Rückrunde spiele ich bei euch in der ersten Mannschaft!«

»Warum nicht?«, meinte Fabian. »Wenn du besser bist als der Sepp?«

»Noch nicht«, gab Pitt zu, »aber bald.«

»Warum wird der eigentlich ›Sepp‹ genannt?«, wollte Ronny wissen. »Eigentlich heißt der doch Björn, oder?«

»Richtig«, bestätigte Patrick. »Aber er ist ein klasse Torwart und außerdem heißt er mit Nachnamen Maier, mit a-i, genau wie der frühere Nationalkeeper.«

»Ach so«, sagte Ronny. »Ich finde allerdings, dass Toni Schumacher wesentlich besser war.«

»Quatsch! Der beste deutsche Torhüter aller Zeiten war eindeutig Andreas Köpke«, meinte Fabian.

Sofort entstand eine heiße Diskussion. Die vier Jungs knallten sich gegenseitig die Namen von früheren und aktuellen Nationalspielern an die Köpfe. Jeder hatte seine eigene Bestenliste.

»Wenn ihr noch lange über Fußball quatscht, verpassen wir noch den Film«, rief Ramona irgendwann dazwischen.

»Genau«, maulte Jenny, »los, lasst uns endlich reingehen.«

»Einen Augenblick«, bat Fabian, »ich will mir nur noch was zu trinken holen.«

»Muss das sein?«, stöhnte Jenny.

»Ja. Außerdem brauche ich auch noch 'ne große Tüte Popcorn.«

»Dann kannst du ja nachkommen.« Jenny zupfte die Eintrittskarten aus Patricks Fingern, reichte eine an Fabian weiter und eilte auf den Kinosaal zu. Den anderen blieb nichts anderes übrig, als ihr zu folgen.

»Bis gleich«, rief Fabian und machte sich auf den Weg zum Verkaufstresen.

Im Kino war es bereits dunkel. Nur die schwache Notbeleuchtung an den Wänden brannte. Auf der Leinwand war ein Pärchen zu sehen, das sich an einem Strand wild und leidenschaftlich küsste. Plötzlich löste sich der Mann aus der Umarmung und lief quer über den Sand direkt auf einen Kondomautomaten zu. Doch bevor er das Geldstück einwarf, entdeckte er einen weiteren Automaten, in dem es leckeres Eis gab. Eine schwere Entscheidung . . .

»Siehst du, es hat schon angefangen!«, flüsterte Jenny verärgert.

»Aber das ist doch nur die Werbung«, sagte Ronny und drängelte sich als Letzter hinter ihr an einem Pärchen vorbei, das auf den beiden äußersten Plätzen saß und gebannt auf die Leinwand starrte.

»Egal. Ich finde, Werbung gehört im Kino dazu«, zischte Jenny, nachdem sie endlich Platz genommen hatte.

»Ich finde die Werbung überflüssig«, meinte Ronny. »Sie ist doof und sie macht doof.«

»Na toll – noch nicht einmal richtig zusammen und schon der erste Streit«, murmelte Jenny leise vor sich hin.

Ronny hörte sie trotzdem. »Was soll das denn jetzt heißen?!«, fragte er und schüttelte verständnislos den Kopf. »Was ist denn plötzlich bloß los? Warum bist du so sauer?«

»Bin ich doch gar nicht!«

Es entstand eine lange Pause, bevor Jenny hinzufügte: »Es ist doch nur, weil . . .«

»Weil was?«, fragte Ronny.

»Ich hab mir das anders vorgestellt.«

»Wie, anders?« Ronny verstand kein Wort.

»Na, anders eben. Ein bisschen . . . vielleicht ein bisschen romantischer. Nur wir beiden und die drei anderen.«

»Spinnst du?« Ronny schnaubte. Langsam wurde er auch böse. »Sieh dich doch mal um: Das Kino ist brechend voll!«

»Du verstehst nicht . . .«

»Doch, ich verstehe sehr wohl«, unterbrach er. »Es geht um Fabian. Du kannst ihn nicht leiden.«

»Doch, schon. Das heißt, ich kenne ihn ja gar nicht«, gab Jenny zu. »Aber ich finde, dass er stört, irgendwie.«

»Wieso stört er denn?«

»Ach, Mensch!«, seufzte Jenny und klang plötzlich ganz traurig. »Ich dachte . . . ich wollte . . .«

»Was?!«, fragte Ronny. Im selben Moment entdeckte er Fabian, der um die Ecke kam und sich suchend umsah. Ronny winkte ihm zu. »He, hier sind wir!«

Fabian setzte sich auf den freien Platz neben ihm.

»Siehste!«, meinte Jenny.

»Was soll ich sehen?!« knurrte Ronny und starrte sie fragend an.

»Oh Mann, du verstehst wirklich überhaupt nichts, was?!« Offensichtlich enttäuscht drehte Jenny sich zur anderen Seite und lehnte ihren Kopf an Ramonas Schulter.

»Stimmt«, sagte Ronny und hatte das sichere Gefühl, dass er im Moment selbst bei Rechenaufgaben der ersten Klasse versagen würde.

Zum Glück öffnete sich in dem Moment der Vorhang wieder. Ronny bediente sich aus der Popcorntüte, die Fabian ihm hinhielt, lehnte sich zurück, wickelte sein Eis aus, das schon ziemlich weich geworden war, und ließ sich von dem Film gefangen nehmen.

Drei

Natascha schreckte aus ihren Gedanken, als direkt vor ihr ein Schatten auftauchte und eine barsche Stimme sagte: »Das gilt auch für dich!«
»Was?«, fragte Natascha und sah zu Frau Marquart-Lorenz hoch, die sich direkt vor ihr aufgebaut hatte.
»Kind, Kind.« Die Lehrerin schüttelte verständnislos den Kopf und ihre Stimme hatte einen verzweifelten Unterton. »Manchmal möchte ich wirklich gern wissen, was in deinem Kopf so alles vorgeht. Mensch, Sport ist doch nicht alles!«
Ein Raunen ging durch die Klasse und unterbrach die Lehrerin. Unmut machte sich breit.
Frau Marquart-Lorenz hob beschwichtigend die Hände. »Schon gut! Ich weiß, dass jeder Einzelne von euch in seiner Disziplin sehr gut ist und auf die große Karriere hofft. In den meisten Fällen vielleicht sogar zu Recht. Unsere Schule war genau wie das Internat und nicht zuletzt der SV Löwenstein schon für viele Sportler die Wiege des Erfolgs. Aber ich kann mich nur wiederholen: Der Sport ist nicht alles! Irgendwann ist Schluss mit dem Profi-Dasein, wenn ihr es überhaupt so weit schafft. Irgendwann macht der Körper nicht mehr mit!

Und dann? Was soll dann aus euch werden? Sozialhilfeempfänger? Losverkäufer? Oder wollt ihr vielleicht in einer Kneipe arbeiten?«
Die Klasse lachte.

»Das ist gar nicht komisch«, sagte die Lehrerin mit ernstem Gesicht. »Und bevor ich missverstanden werde: Selbstverständlich will ich damit nichts gegen Losverkäufer oder so gesagt haben.«

»Was wollen Sie denn?!«, fragte Björn.

»Euch warnen! So manches hoffnungsvolle Talent ist schon in der Versenkung verschwunden und nie wieder aufgetaucht. Oder wenn, dann als menschliches Wrack.«

»Sie wollen uns Angst machen«, vermutete Kim.

»Nein, natürlich nicht«, entgegnete die Lehrerin ruhig, »und ich will auch nicht eure Träume zerstören. Aber die Schule soll euch auf das ganze Leben vorbereiten, nicht nur auf den sportlichen Teil. Niemand kann vorhersagen, wie euer Leben später einmal verlaufen wird. Ein guter Schulabschluss ist wichtig für eure berufliche Zukunft. Und selbst wenn sich eure Vorstellungen realisieren und jeder von euch seine Sportart zum Beruf machen kann, ist eine gute Allgemeinbildung von Vorteil. Kann einer ein Beispiel für meine Behauptung geben? – Ja, bitte?«

»Um die Verträge zu verstehen, die man unterschreibt?«, schlug jemand vor.

»Gut«, sagte Frau Marquart-Lorenz. »Noch mehr Ideen? Ja, Björn?«

»Damit man sich ausdrücken kann und bei Interviews nicht wie ein Volltrottel dasteht?«

»Richtig!«

»Oder noch schlimmer: wie ein Fußballer! Nicht wahr,

Sepp?!«, rief jemand dazwischen und fuhr mit verstellter Stimme fort: »Ja gut, äh, ich sag mal ... da müssen Sie den Trainer fragen!«

Diesmal lachten nur alle Nicht-Fußballer.

»Bitte, Leute, ernsthaft«, ermahnte die Lehrerin. »Fallen euch noch mehr Gründe ein?«

»Wegen der Sponsoren«, sagte Mark. Er war Schwimmer, genau wie das große Idol seiner Mutter, der US-Amerikaner Mark Spitz, der bei der Olympiade 1972 in München gleich sieben Goldmedaillen gewann! Auch Mark war bereits sehr erfolgreich und wurde als Erster und bisher Einziger in der Klasse von einem Sponsor unterstützt. Und er war zu Recht stolz darauf. Allerdings vergaß er nie, das bei jeder sich bietenden Gelegenheit zu erwähnen. Dementsprechend fiel die Reaktion seiner Mitschüler aus.

»Ich bitte mir Ruhe aus!«, versuchte Frau Marquart-Lorenz das lauter werdende Murmeln, die Sprüche gegen Mark und das hämische Lachen einiger Mitschüler zu unterbinden.

»Ihr habt Recht, alle drei«, fuhr sie fort, nachdem es im Klassenraum wieder leiser geworden war. »Verträge sind häufig sehr kompliziert aufgebaut und man tut gut daran, sie sehr genau zu lesen. Nicht nur im Sport, übrigens. Aber lassen wir das jetzt. Das mit den Interviews ist so eine Sache. Es ist eigentlich kein Wunder, dass viele Sportler nur hohle Sprüche machen und alle das Gleiche sagen. Einerseits ist man nach einem Erfolg oder einer herben Niederlage emotional sehr aufgewühlt und hat alle möglichen Dinge im Kopf, nur keine sprachlich und inhaltlich korrekten Antworten. Andererseits halten die Sportreporter einem genau in diesen Momenten die Mikrofone unter die Nase, weil sie so genannte authentische Aussagen von euch haben wollen. Aber keine Angst, in Medienkunde werden wir uns noch ausgiebig mit dem Thema Interviews beschäftigen. Was nun die Sponsoren anbelangt ...«

Natascha schaltete wieder ab. Frau Marquart-Lorenz redete und redete. Es war bestimmt interessant, was sie sagte, aber Natascha hatte andere Dinge im Kopf. Obwohl – wenn sie auch einen Sponsor hätte, wären schon eine Menge ihrer Probleme gelöst.

Die Eltern von Thomas Haas haben es richtig gemacht, dachte Natascha. Die hatten einen Sponsoren-Pool gegründet, als er und seine Schwester klein waren. Oder waren es die Eltern von Nicolas Kiefer? Egal. Zumindest hatten ein paar Sponsoren eine Menge Geld einbezahlt und so dazu beigetragen, dass die beiden in aller Ruhe aufgebaut werden konnten. Gut, die Schwester hatte es trotzdem nicht gepackt, aber Tommy hatte sich schnell in die Top-20 der Tennisprofis gespielt und die Sponsoren bekamen prozentuale Anteile von seinen Preisgeldern. Oder eben von Nicolas Kiefer. Egal, beide waren gute Tennisspieler.

Schade, dass meine Eltern keine reichen Leute kennen, die mich unterstützen, dachte Natascha und seufzte tief. Oder wenn sie wenigstens selber reich wären!

»Wunderbar, Natascha!«, rief Frau Marquart-Lorenz

und ließ in der Art, wie sie das sagte, keinen Zweifel aufkommen, dass sie das genaue Gegenteil meinte. »Wenn ich mich recht erinnere, bist du doch der Auslöser für meine Ausführungen gewesen, oder? Ist es da zu viel verlangt, dass du wenigstens zuhörst, wenn du dich schon nicht aktiv am Unterricht beteiligst?«

»Tut mir Leid«, murmelte Natascha kleinlaut.

»Das will ich hoffen«, sagte die Lehrerin. »Trotzdem erwarte ich dich nach dem Unterricht hier vorne bei mir. Ich glaube, wir müssen mal ein ernstes Wort miteinander reden.« Sie machte eine Eintragung ins Klassenbuch, atmete tief durch und ließ ihren Blick über die Klasse schweifen. »So, wir machen jetzt weiter. Björn, kannst du dich noch erinnern, wo wir stehen geblieben sind?«

Kim rutschte dichter an Natascha heran. »So eine blöde Kuh«, flüsterte sie. »Wieso hackt die so auf dir rum?«

Natascha vergewisserte sich, dass Frau Marquart-Lorenz sie nicht gerade wieder im Visier hatte, um nicht noch einmal negativ aufzufallen, zuckte dann mit den Schultern und flüsterte zurück: »Keine Ahnung.«

Der Kopf der Lehrerin zuckte herum. Kim verzichtete darauf, die Unterhaltung mit Natascha fortzusetzen, und tat zumindest so, als ob sie dem Unterricht folgte. Zum Glück dauerte die Stunde keine Ewigkeit mehr.

»Ich warte an der Treppe auf dich«, sagte sie zu Natascha, nachdem es geläutet hatte, und stürmte mit den anderen aus dem Klassenzimmer.

Natascha folgte ihr fünf Minuten später.

»Na, was hat sie gewollt?«, fragte Kim.

»Was schon – eine Erklärung für mein Verhalten.«

»Und? Was hast du gesagt?«

»Nichts«, antwortete Natascha und dachte: Was hätte ich auch sagen sollen. Sie hat ja Recht.

»Die Alte spinnt«, stellte Kim dagegen lapidar fest. »Wenn ich nur an den ganzen Schwachsinn denke, den sie verzapft hat. Meine Eltern reden auch immer so einen Mist daher: ›Kind, vergiss nie, du lernst nicht für die Schule, sondern für dein Leben!‹ Jedes Mal, wenn ich zu Hause bin, sülzen sie mich damit voll. – Ich weiß gar nicht, was das soll! Wenn die Mar-Lo keinen Bock auf unsere Schule hat, soll sie sich doch versetzen lassen. Mann, anstatt froh zu sein, dass sie es mit Sportlern zu tun hat. Echt, meine Schwester erzählt Geschichten von ihrer Schule . . .! Da geht es anders zu, aber total! Da würde die Mar-Lo keinen Tag überleben. Neulich haben sie einen Lehrer mit dem Messer bedroht, also nicht meine Schwester, andere Schüler, aber Katja hat alles voll miterlebt . . .«

Natascha versuchte interessiert auszusehen, während die beiden sich auf den Weg zur Sporthalle machten und Kim zuerst die Geschichte von ihrer Schwester erzählte und danach wieder über Frau Marquart-Lorenz, die von allen Schülern nur ›die Mar-Lo‹ genannt wurde, mit wüsten Sprüchen herzog. Doch sie hörte auch ihrer Freundin nicht zu. Sie machte sich Sorgen, seit Wochen schon, und seit der erneuten Niederlage bei dem internationalen Jugend-Sportfest waren die nicht kleiner geworden. Im Gegenteil.

Die ewige Zweite – so konnte es nicht weitergehen, es musste unbedingt etwas passieren. Davon war Natascha fest überzeugt. Nur was?!

»Ich weiß nicht«, unterbrach sie Kims Redeschwall, als sie an der Sporthalle angekommen waren und zu dem Umkleideraum gingen, »so ganz Unrecht hat die Mar-Lo nicht. Oder machst du dir keine Gedanken über die Zukunft?«

»Nö, warum auch?«, lachte Kim. »Du etwa?«

»Ja«, sagte Natascha leise und stellte überrascht fest, wie wenig Kim eigentlich von ihr wusste. Dabei war sie ihre beste Freundin! Seit über einem Jahr wohnten sie gemeinsam auf einem Zimmer im Sportinternat. Sie hörten dieselbe Musik, mochten die gleichen Filme und fanden immer ein Thema, über das sie sich unterhalten oder schlapp lachen konnten. Aber wie oft hatten sie wirklich ernsthaft miteinander geredet? Über ihre Sorgen, über die Ängste? Hatte Kim überhaupt welche? Und würde sie Nataschas Probleme verstehen?

Kims Eltern waren nicht arm. Sie waren auch nicht gerade schwerreich, wohnten in keiner Villa, aßen keinen Kaviar zum Frühstück und badeten nicht in Champagner oder so. Aber sie konnten ohne Probleme Kim jede Ausbildung ermöglichen, die sie machen wollte.

Bei Natascha war das anders. Sie hatte noch vier Geschwister, mit denen ihre Mutter genug zu tun hatte. Für einen Halbtagsjob fehlte ihr die Zeit, dabei hätte die Familie das Geld dringend benötigt. Der Vater verdiente gerade genug, um für den Lebensunterhalt zu sorgen. Natascha wusste nicht einmal genau, was er beruflich machte. Es hatte sie bisher auch nie sonderlich interessiert. Doch jetzt hatte sie Ziele. Hoch gesteckte, langfristige Ziele, die Geld kosten würden. Geld, das die Familie nicht besaß. Im Sportinternat konnte sie nur wohnen, weil sie als talentierte Leichtathletin von einer staatlichen Einrichtung gefördert wurde. Allerdings nur noch in diesem Schuljahr. Im Frühjahr sollte erneut entschieden werden. Nur die Besten in jeder Disziplin konnten sich Hoffnungen machen, weiterhin gefördert zu werden, wobei streng und ausschließlich nach der sportlichen Rangliste vorgegangen wurde. Die schulischen Leistungen wurden nicht berücksichtigt und jeder zweite Platz war für die Katz. Was zählte, waren allein die Siege.

So hatte es Natascha gehört, vor wenigen Monaten, kurz nach ihrer ersten Niederlage bei einer wichtigen Veranstaltung. Bis dahin war sie ausschließlich bei den Stadtmeisterschaften und den Sportfesten in der unmittelbaren Umgebung gelaufen und hatte trotz ihres katastrophal schlechten Starts fast jedes Rennen gewonnen.

Doch seit dem Beginn dieser Freiluft-Saison trat sie auch bei überregionalen Veranstaltungen an. Dort waren die Gegnerinnen allerdings eine Klasse besser und plötzlich war es nicht mehr selbstverständlich, dass Natascha siegte.

Seitdem machte sie sich Sorgen um ihre Zukunft. Sie wollte unbedingt auf dem Sportinternat bleiben. Sie wollte deutsche Meisterin über 100 Meter werden, im Jahr 2004 vielleicht erstmals die deutschen Farben bei der Olympiade vertreten und ein so gutes Abitur schaffen, dass sie nach ihrer sportlichen Karriere studieren und Sportlehrerin werden konnte.

Doch die erste Niederlage machte ihr zu schaffen. Die Angst, wieder geschlagen zu werden, saß ihr im Nacken. Plötzlich war sie überfordert davon, Spitzenleistungen im Sport zu bringen und gleichzeitig gut in der Schule zu sein. Beim nächsten Lauf wollte sie daher alles besonders gut machen. Doch sie verpatzte den Start, ging danach das Rennen viel zu schnell an, wodurch sie sich auf den ersten fünfzig Metern zu sehr verausgabte und kurz vor der Ziellinie noch abgefangen wurde. Auch bei dem darauf folgenden Rennen legte sie keinen gelungenen Start hin. Sie besaß zwar eine enorme Grundschnelligkeit und konnte die meisten Konkurrentinnen trotzdem bezwingen, aber an eine kam sie nicht mehr heran: Sylvie Saskovicz aus Dortmund. Seither hatte Natascha drei Finals gegen Sylvie bestritten und alle drei hatte die Dortmunderin allein durch ihren fulminanten Start für sich entschieden.

Natascha begann an sich zu zweifeln. Sie vernachlässigte die Schule und trainierte stattdessen intensiver, doch das Training war überhaupt nicht mit einem Wettkampf zu vergleichen. Unsicherheit machte sich in ihr breit. Sie verkrampfte und statt besser wurden ihre Starts schlechter! In der Schule kam sie schon seit einiger Zeit nicht mehr mit und auch darüber machte sie sich mittlerweile Sorgen.

Manchmal sehnte sich Natascha danach, endlich einmal mit jemandem über all das reden zu können. Aber mit wem? Ihre Eltern konnte sie damit nicht belasten, die hatten genug Sorgen. Mit Kim vielleicht? Oder mit Herrn Steinicke, ihrem Trainer? Mit der Mar-Lo? Mit Frau Runge?

Nein, das war sinnlos. Natascha konnte sich zwar vorstellen, dass jeder von ihnen bereit gewesen wäre ihr zuzuhören. Doch sie zweifelte erheblich daran, dass auch nur einer von ihnen wirkliches Verständnis aufgebracht hätte. Und letztlich zählte im Internat nur der sportliche Erfolg. Verlierer wurden eine Zeit lang toleriert, vielleicht sogar unterstützt – doch wenn sich nicht schnell etwas änderte, wurden sie gnadenlos ausgemustert. Davon war Natascha felsenfest überzeugt.

»He, ich hab dich was gefragt«, holte Kim sie aus der trüben Gedankenwelt zurück.

»Entschuldige«, murmelte Natascha. »Was wolltest du wissen?«

Bevor Kim antworten konnte, läutete es zur nächsten Stunde.
Kim sah sie einen Moment lang sehr nachdenklich an, doch dann lächelte sie, winkte ab und meinte: »Nichts, lass mal, ist nicht so wichtig.«
Schade, dachte Natascha. Trotz aller Zweifel war sie versucht Kim alles zu erzählen. Doch ihr fehlte der Mut, von sich aus damit anzufangen.
Endlose Sekunden vergingen.
»Komm, wir müssen«, sagte Kim endlich und beendete

damit die unangenehme Spannung, die auf dem Augenblick gelegen hatte. Sie hakte sich bei Natascha ein und zog sie entschlossen mit sich in den Umkleideraum.

»Wie schön, dass die Damen sich doch noch bequemen am Unterricht teilzunehmen«, wurden Natascha und Kim von Herrn Schlüter begrüßt, als sie als Letzte die Turnhalle betraten.

Die beiden wussten genau, wann es am besten war, den Mund zu halten. Dies war so ein Moment, und so verabschiedeten sie sich stumm voneinander und eilten zu ihren jeweiligen Gruppen. Während Kim sich zu den anderen Handballerinnen begab, reihte Natascha sich bei den Leichtathletinnen ein.

Der Sportunterricht im Gymnasium war exakt mit den Vereinstrainern abgestimmt. Für jeden Sportler, für jede Sportlerin gab es einen genau ausgeklügelten, individuellen Trainingsplan. Nur so machten die sechs zusätzlichen Sportstunden wöchentlich einen Sinn.

Herr Steinicke, der nicht nur die Leichtathletikstaffel beim SV Löwenstein trainerte, sondern zugleich Sportlehrer am Gymnasium war, verließ mit Natascha, Vanessa und den anderen Leichtathletinnen die Halle und erläuterte auf dem Sportplatz jeder in Kurzform den Inhalt ihrer persönlichen Trainingseinheit in der kommenden halben Stunde. Natascha wurde für ein Sondertraining auf der kurzen Start-Aschenbahn abkommandiert.

Ergeben holte sie ihren Startblock aus dem Geräteschuppen, den sie genau auf ihre Größe eingestellt hatte, und war noch mit dem Aufbau beschäftigt, als Herr Steinicke bereits neben ihr auftauchte.

»Ich weiß nicht, Mädel, was bei deinem letzten Lauf wieder mit dir los war«, sagte er seufzend. »Im Training und in den Vorläufen hat es doch ganz gut geklappt. Deine Starts waren . . . na ja, zumindest okay. Aber dann, im Finale . . .«

Natascha hatte eine böse Vorahnung. In ihrer Magengegend machte sich ein flaues Gefühl breit.

»Also los, versuchen wir es erneut. Auf die Plätze . . .«

Der Trainer wartete, bis Natascha mit beiden Füßen in dem Block stand und ihre gespreizten Finger millimetergenau vor die Startlinie platziert hatte.

»Entspanne dich«, forderte er sie auf. »Schalte deinen Kopf ab. Nichts ist mehr wichtig. Nur der Startblock, die Aschenbahn und du.«

Natascha versuchte den Anweisungen ihres Trainers zu folgen.

»Der Kopf, Natascha«, ermahnte der Trainer. »Lass ihn nicht hängen, sondern richte den Blick auf den ersten Schritt.«

Ach ja, dachte Natascha und fragte sich für einen kurzen Moment, ob sie es jemals schaffen würde, einen guten Start ohne einen einzigen Fehler hinzulegen.

»Fertig . . .«, gab Herr Steinicke das Kommando.

Natascha stemmte beide Fersen gegen die Flächen des Startblocks, hob das Becken an und schob dabei gleichzeitig ihren Körper vorschriftsmäßig nach oben und nach vorn. Sie musste ihre Haltung ein wenig korrigieren, bis sie das Gefühl hatte, dass das Körpergewicht gleichmäßig auf die Arme und die Beine verteilt war.

»Deine Beinhaltung stimmt noch nicht«, ermahnte der Trainer. »Das vordere Bein muss ungefähr einen 90-Grad-Winkel haben.«

Natascha stellte den Fuß wenige Zentimeter weiter zurück. Dabei knickte sie jedoch mit dem hinteren Bein ein und senkte das Becken.

Der Trainer sah es sofort. »Halte die Spannung, verdammt!«, rief er erbost. »Wie willst du richtig starten, wenn du wie ein nasser Sack in dem Block hängst?!«

Natascha zuckte zusammen. Sie war erschrocken über die Heftigkeit, mit der der Trainer sie kritisierte. War seine Geduld mit ihr bereits erschöpft? Hatte er sie etwa schon abgeschrieben? Sie spürte, wie ihre Muskeln sich verhärteten und sie sich verkrampfte.

»Nicht anspannen!«, sagte der Trainer prompt. »Du sollst nur die Spannung halten! Das kannst du doch.«

Natascha versuchte ihr Möglichstes, doch durch ihren Kopf schossen schon wieder tausende von Gedanken.

»Abbrechen!«, befahl der Trainer.

Natascha nahm die Füße vom Startblock, doch sie blieb auf der Aschenbahn hocken.

»Halb so schlimm, Mädel. Im Moment ist halt der Wurm drin. Aber das wird schon wieder.« Der Trainer schien bemerkt zu haben, dass er sich im Ton vergriffen und dadurch Natascha erst verunsichert hatte, und versuchte nun mit einem Lächeln und einer sanfteren Stimme die Situation wieder zu entspannen. »Wir hören für

heute auf. Anscheinend ist dein Kopf blockiert. Also los, lauf dich frei. Eine Runde um den See. Aber nicht rennen, sondern mit allen Sinnen laufen, hörst du?!«
Natascha nickte und bückte sich, um ihren Startblock abzubauen.

»Lass«, meinte der Trainer, »darum kümmere ich mich. Du hast jetzt nichts anderes zu tun, als zu laufen, bis dein Kopf leer ist. Und mach dir keine Sorgen – den Start kriegen wir schon in den Griff.«

Nein, dachte Natascha verzweifelt, den Tiefstart lerne ich wahrscheinlich nie. Vielleicht ist es besser, wenn ich auf eine Distanz wechsle, bei der im Stehen gestartet wird. Vielleicht liegen mir die 800 Meter besser? Oder sogar die 1000?

Nachdenklich trabte sie los.

Vier

»So, Jungs, es sind nur noch wenige Minuten bis zum Anpfiff«, begann der Trainer seine Ansprache.
Sofort wurde es still in der Kabine. Gespannt von den Haarwurzeln bis in die Zehenspitzen saßen die Spieler des SV Löwenstein auf den Bänken. Nur einer klackerte ab und zu nervös mit den Stollen auf dem Boden.
»Ich muss euch nicht viel sagen«, fuhr Herr Reimann fort. »Nächste Woche beginnt die neue Saison. Wir haben uns viel vorgenommen, der Aufstieg in die Leistungsklasse ist als Ziel vorprogrammiert. Unser heutiger Gegner ist seit Jahren in der Klasse etabliert. Dieses Spiel ist also ein echter Test . . .«
Ein Klopfen an der Tür unterbrach den Trainer. Einer der beiden Schiedsrichterassistenten steckte seinen Kopf in die Kabine und teilte mit, dass die Mannschaften auflaufen sollten.
»Was, schon?«, fragte der Trainer überrascht und horchte an seiner Armbanduhr, um zu prüfen, ob sie vielleicht stehen geblieben war. »Gut, es ist eh alles gesagt. Zeigt, was ihr gelernt habt. Ihr spielt heute das erste Mal so, wie ich mir meine Traumformation vorgestellt habe. Ich will, dass mir jeder Einzelne heute be-

weist, dass ich ihn zu Recht aufgestellt habe. Los, raus mit euch!«

Ronny wünschte Patrick und Fabian Glück und zog selbst die Trainingsjacke über. Doch obwohl er die Aufstellung schon seit zwei Tagen kannte und ausreichend Zeit gehabt hatte sich damit abzufinden, konnte er nur schwer seine Enttäuschung darüber verbergen, dass er nicht von Beginn an spielen durfte. Er gehörte nicht zur Traumformation! Die deutlichen Worte des Trainers hatten ihm einen zusätzlichen Stich versetzt.

»Kopf hoch«, meinte Patrick tröstend. »Und denk dran, worüber wir gestern geredet haben.«

Unwillkürlich musste Ronny lachen. Bis spät in die Nacht hatten die beiden, als sie schon in ihren Betten lagen, darüber nachgedacht, wie sie den Prinzen aus dem Team vergraulen konnten, und waren dabei auf immer absurdere Ideen gekommen. Es fing ganz harmlos an mit »Leim in die Schuhe kippen«, »die Schnürsenkel zusammenknoten« oder »das Trikot verstecken« und steigerte sich langsam über »in einem Mädcheninternat anmelden« bis hin zu »entführen und Lösegeld fordern«. Wobei sie mit dem erpressten Lösegeld den SV Löwenstein kaufen wollten, um dem Trainer die Anweisung geben zu können, dass Ronny unbedingt mitspielen sollte.

Auf die Idee mit der Entführung waren sie gekommen, weil der Vater des Prinzen angeblich der König von einem kleinen afrikanischen Dorf war. Daher hatte der Prinz auch den Spitznamen. Seinen richtigen Namen kannte wohl niemand mehr in der Mannschaft, vielleicht nicht einmal er selbst.

Natürlich hatten weder Ronny noch Patrick wirklich etwas gegen ihren Mitspieler. Ganz im Gegenteil. Der Prinz war ein hervorragender Spielmacher, der seine Mannschaft schon zu vielen Siegen geführt hatte. Aber er hatte ein Manko: Er spielte auf der falschen Position – nämlich auf Ronnys!

»Es freut mich, dass du es offenbar nicht zu schwer nimmst, dass ich dich nicht von Beginn an bringe«, deutete Herr Reimann Ronnys Lachen falsch und drückte ihm das Netz mit den Ersatzbällen in die Hand. »Du hast gut trainiert. Mach dich in der Halbzeitpause warm. Wenn nichts Unvorhergesehenes passiert, wechsle ich dich in der zweiten Halbzeit ein. Ich will sehen, wie du dich im Spiel bewährst.«

Toll, dachte Ronny missmutig. Er kannte sich in der Rolle des Ergänzungsspielers nicht aus, aber er ahnte, dass es nicht leicht war, sich als neuer Spieler mit frischen Kräften in ein laufendes Spiel zu integrieren.

»Immerhin, besser als gar nichts«, machte er sich seufzend selber Hoffnung. »Vielleicht kann ich die Chance ja trotzdem nutzen und den Prinz ausstechen!«

Er zog die Kabinentür hinter sich zu und folgte Herrn Reimann und den anderen Mitspielern, die nicht eingesetzt wurden, zur Trainerbank.

Es dauerte nur zehn Minuten, bis Ronny begriff, dass er seine Hoffnungen begraben konnte. Was er schon im Training beobachtet hatte, bewahrheitete sich auch auf dem Spielfeld: Der Prinz war als Fußballspieler allererste Sahne! Voller Bewunderung beobachtete Ronny, wie der Spielmacher vom Anpfiff an die Fäden in die Hand nahm und das Spiel des SV Löwenstein lenkte und dirigierte. Er war ständig in Bewegung und strahlte trotzdem Ruhe aus. Er bot sich an, ahnte die Spielzüge über mehrere Stationen im Voraus und schlug einen traumhaften Pass nach dem anderen. Es war ein Genuss, dem Prinzen zuzusehen.

Es hätte schon locker 1:0 oder gar 2:0 für die Löwen stehen können, ja sogar müssen, doch die beiden Stürmer kamen überhaupt nicht mit der Mischung aus Raum- und hautenger Manndeckung zurecht.

»Wie steht's?«, fragte plötzlich jemand hinter Ronny.

Er drehte sich um, obwohl er die Stimme sofort erkannt hatte. »0:0«, murmelte er einsilbig.

»Und was machst du hier draußen?«, fragte Jenny. »Wieso spielst du nicht mit?«

Ronny schenkte sich eine Antwort. »Und du?«, fragte er stattdessen zurück. »Was machst du hier?«

Seit dem nicht ganz so geglückten Kinoabend hatte er mit Jenny kein Wort mehr gesprochen.

Zwar hatte Patrick ein paar Mal versucht ihn zum Mitkommen zu überreden und er wusste, ebenfalls durch seinen Zimmerkumpel, dass Ramona ihrerseits nichts unversucht ließ, um Jenny mitzuschleppen. Doch bisher waren sich beide erfolgreich aus dem Weg gegangen.

Ronny fand seine Frage deshalb absolut berechtigt.

Es war Jenny anzusehen, wie schwer es ihr fiel, die richtigen Worte zu finden. »Du weißt schon«, presste sie schließlich hervor.

Ronnys Spannung löste sich. Hörbar atmete er die Luft aus, die er sekundenlang angehalten hatte. »Nee, weiß ich nicht«, zischte er aggressiv. »Und wenn du schon wieder so anfängst, kannst du es sowieso vergessen.«

Jenny schluckte. Sie nahm all ihren Mut zusammen und sagte leise: »Na ja, ich will mit dir reden. Über den Abend neulich, und so...«

»Was – jetzt?! Hier?! Meine Mannschaft spielt doch gerade!« Mädchen, dachte er kopfschüttelnd. Haben echt keine Ahnung, was wirklich wichtig ist.

Trotzdem stand er von der Bank auf und ging ein paar Meter weiter. Seine Mitspieler, die schon anfingen zu lästern und dumme Bemerkungen zu machen, mussten ja nicht alles mitkriegen.

»Also – was willst du?«, fragte er unfreundlich.

Jenny ging ihm hinterher, sah ihn an, senkte den Blick, hob schließlich wieder den Kopf und schaute ihm direkt in die Augen. »Mach es mir doch nicht so schwer«, bat sie.

Ronny holte tief Luft und wollte gerade eine Schimpfkanonade loslassen – egal worüber, Hauptsache, er konnte pöbeln –, doch irgendetwas an Jenny ließ ihn die Worte wieder runterschlucken, die ihm schon auf der Zunge

lagen. Stumm sah er sie an, lange, und mit jeder Sekunde bröckelte seine Feindseligkeit und Aggressivität immer mehr ab, bis ihn schließlich wieder dieses wunderbar warme Klubraum-Gefühl durchströmte. Er streckte seine Finger aus und berührte ganz kurz und sehr vorsichtig ihre Hand.

»Ich kann jetzt nicht.« Entschuldigend deutete er hinter sich auf das Spielfeld. »Wir reden nachher, ja? Heute Abend. Einverstanden?«

»Okay«, nickte Jenny.

»Ich muss wieder auf die Bank«, sagte Ronny. Er strich noch einmal sanft über ihren Handrücken und drehte sich abrupt um.

»Ronny?«, rief Jenny ihm hinterher.

»Ja?«

»Darf ich zugucken?«

»Klar«, lachte er.

»Ich drücke dir die Daumen, dass du noch eingewechselt wirst«, versprach Jenny und rannte davon, um das Spielfeld herum auf die Gegenseite, wo Ramona bereits auf sie wartete.

»Deine Freundin?«, fragte Mats, als Ronny sich wieder neben ihn auf die Bank setzte.

»Noch nicht, aber heute Abend«, sagte Ronny grinsend und konzentrierte sich wieder auf das Spielfeld.

Zur Halbzeit stand es nach wie vor 0:0. Der Trainer war zufrieden, seine Mannschaft hatte gut mitgehalten und phasenweise sogar das Spielgeschehen bestimmt. Für eine Auswechslung gab es keine Veranlassung. Trotzdem schickte er alle Ergänzungsspieler zum Warmmachen auf das Spielfeld, während er sich mit der Mannschaft in die Umkleidekabine zurückzog.

»Wenn es diese Saison wieder so läuft wie in der letzten, suche ich mir nächstes Jahr einen neuen Verein«, stöhnte Mats leise, als die Spieler zu Beginn der zweiten Halbzeit wieder auf der Bank Platz nahmen.

Ronny sah ihn fragend an.

»Genau drei Mal habe ich gespielt«, beschwerte sich Mats. »Dabei bin ich kein bisschen schlechter als Ugur,

Malte oder Fabian. Aber der Reimann ist ein Arsch. Wenn man nicht zu seinen Lieblingen gehört, hat man keine Chance bei dem. Das Blöde ist, dass ich keine Ahnung habe, wie man sein Liebling wird.«
Ronny lachte, obwohl ihm nicht danach zu Mute war. Das sind ja rosige Aussichten, dachte er und war für einen Moment verunsichert. Schließlich war er nicht hierher gekommen, um nur auf der Bank zu sitzen!
»Echt, ich könnte dir Dinge erzählen . . .«, begann Mats erneut, doch Ronny unterbrach ihn.

»Pssst!«, machte er und deutete auf Herrn Reimann, der sich mit schnellen Schritten der Trainerbank näherte.

Der Anpfiff zur zweiten Halbzeit ertönte. Die Mannschaften lieferten sich weiterhin einen ausgeglichenen Kampf und beide Teams erspielten sich gute Chancen, die aber sämtlich entweder von den Stürmern kläglich vergeben oder von den beiden ausgezeichneten Torhütern zunichte gemacht wurden.

Ronny ließ sich wieder von dem Spiel gefangen nehmen, das trotz der fehlenden Tore gut und spannend blieb. Doch seine Konzentration auf das Spielgeschehen war nicht ganz so ausgeprägt wie im ersten Durchgang. Immer wieder ertappte er sich dabei, dass er zum Trainer hinüberschielte in der Hoffnung, dass der ihm endlich ein Zeichen für seine Einwechslung gab.

Seine Geduld wurde auf eine harte Probe gestellt. Die Minuten verrannen und das Spiel verflachte zusehends. Endlich, als nur noch etwas mehr als zehn Minuten zu spielen waren, bedeutete der Trainer Ronny und Mats, dass sie sich warm machen sollten. Die beiden Spieler trabten an der Seitenlinie entlang und machten Dehn- und Streckübungen, um die Muskeln zu lockern.

Endlich war es so weit. Der Ball ging ins Seitenaus und der Trainer nutzte die Gelegenheit.

»Wechsel!«, erklärte er dem Schiedsrichterassistenten, der die Stollen unter Ronnys und Mats' Fußballschuhen kontrollierte, während Herr Reimann Malte und den Prinzen vom Platz winkte.

»Mats, du gehst für Malte ins defensive Mittelfeld. Spiel

nicht riskant, sondern konzentriere dich nur auf die Abwehr. Das Unentschieden reicht uns.«

Mit einem Klaps auf den Hintern schickte er ihn auf das Spielfeld und wendete sich Ronny zu. »So, jetzt kannst du zeigen, was du draufhast!«

Wie denn?, dachte Ronny. Zehn Minuten Zeit, um zu glänzen. Wie stellt der sich das vor? Bevor ich richtig im Spiel bin, hat der Schiri doch schon längst abgepfiffen.

Der Trainer schien Ronnys Gedanken zu ahnen. »Ich erwarte keine Kabinettstückchen von dir. Ich will, dass du auf den Platz gehst und die Mannschaft zum verdienten Unentschieden führst. Nicht mehr, aber vor allen Dingen nicht weniger. Ich hab dich im Training beobachtet – du kannst was. Also los, zeige es mir.«

Mit einem unguten Gefühl lief Ronny auf den Platz. Die Erwartungen des Trainers lagen tonnenschwer auf seinen Schultern.

Die Löwen hatten Einwurf. Fabian bekam den Ball und machte das einzig Richtige: Er passte das runde Leder sofort weiter zum neuen Spielmacher.

Kaum, dass Ronny zum ersten Mal den Ball an den Füßen hatte, verflogen seine Bedenken. Er fühlte sich riesig, was auch an dem zweistimmigen Mädchenchor lag, der ihn von der Gegenseite aus anfeuerte.

Ich werd's dir zeigen, Trainer, wart's nur ab! Was der Prinz kann, kann ich schon lange, dachte Ronny und trieb den Ball energisch durch das Mittelfeld.

Doch an der Strafraumgrenze war Schluss. Der Gegner war nur noch darauf bedacht, das Unentschieden über die Zeit zu bringen, und hatte sich mit einer massiven Abwehrkette vor dem eigenen Tor regelrecht eingeigelt. Ronny stoppte, sah sich kurz um und passte hinaus zum Linksaußen, der sofort von zwei gegnerischen Abwehrspielern angegriffen wurde. Anstatt auch noch in den überfüllten Strafraum zu laufen, ließ Ronny sich auf die halblinke Position zurückfallen und bot sich für ein Abspiel an. Prompt erhielt er den Ball zurück. Vor dem Strafraum klaffte jetzt eine Lücke in der Abwehr, die die beiden Verteidiger gerissen hatten. Ronny zögerte keinen Moment. Trocken und knallhart zog er aus zwanzig Metern ab. Der Ball flog wie ein Strich durch den Strafraum – und klatschte weithin hörbar an den Außenpfosten. Ein Raunen ging durch die Mannschaft.

Ronny konnte es sich nicht verkneifen und warf einen Blick zum Trainer. Der hob den Daumen und nickte ihm anerkennend zu.

Doch Ronnys Schuss blieb die letzte Chance in dem Spiel. Beide Mannschaften hatten sich stark verausgabt, vor allem die Löwen waren konditionell am Ende. Ronny beschränkte sich darauf, die Abwehr zu organisieren. Gerade am Ende eines Spiels fielen häufig noch Tore, manchmal sogar entscheidende, weil die Kraft und damit die Konzentration der Spieler nachließen. Doch weder nach vorn noch in der eigenen Verteidigung wurde es noch einmal gefährlich.

Der Schiedsrichter pfiff auf die Sekunde genau ab und die Löwen rissen die Arme hoch. 0:0 gegen eine Mannschaft aus der Leistungsklasse – das war ein toller Erfolg, auf dem sich aufbauen ließ. Jubelnd verschwanden die anderen Spieler in den Umkleideräumen, während Patrick und Ronny sich von Ramona und Jenny feiern ließen.

Als die beiden Jungs etwas später die Umkleidekabine betraten, war sie schon bis auf wenige Mitspieler, die gerade ihre Schuhe zuschnürten oder die Sporttaschen einpackten, beinahe menschenleer. Nur Fabian war ebenfalls noch nicht umgezogen. Er schien auf sie gewartet zu haben. Zumindest begann er sofort sich aus dem durchgeschwitzten Trikot zu schälen, als die beiden zur Tür hereinkamen. Ronny wunderte sich zwar ein wenig, aber er blickte nur Patrick fragend an und sagte nichts.

Er musste nicht lange auf eine Erklärung warten. Bereits unter der Dusche ließ Fabian die Katze aus dem Sack, wenn auch zuerst nur auf Umwegen.

»Starkes Spiel«, sagte er anerkennend zu Ronny, während er das Shampoo in seinen Haaren verteilte.

»Danke!«, rief Ronny und versuchte das laute Prasseln zu übertönen, das die drei Duschen verursachten.

»Wird dir aber nichts nützen«, meinte Fabian. »Wie ich den Trainer kenne, stellt er trotzdem nächste Woche den Prinzen als Spielmacher auf.«

»Ich weiß. Von wegen ›Trainers Liebling‹ und so.«

Patrick lachte. »Hast du dich etwa mit Mats unterhalten? Der Typ leidet doch unter Verfolgungswahn!«

»Stimmt!«, bestätigte Fabian. »Aber so ganz Unrecht hat er trotzdem nicht. Herr Reimann geht bei seinen Aufstellungen nicht immer nur nach Leistung!«

»Na gut, dann werde ich mich eben im Training ganz besonders reinknien«, versprach Ronny und stellte sich unter den angenehm warmen Wasserstrahl, um den Duschschaum von seinem Körper zu spülen.

»Das reicht aber nicht«, meinte Fabian.

»Okay«, kicherte Ronny, »dann werde ich eben auch noch sehr höflich sein und sogar beim Training mit geputzten Fußballstiefeln auftauchen.«

»Das reicht aber immer noch nicht.«

»Hm«, machte Ronny. »Was kann ich denn sonst machen?«

»Du kannst gar nichts machen«, stellte Fabian fest. »Was du brauchst, ist ein Fürsprecher. Jemand aus der Mannschaft, der gut mit dem Trainer kann und sich für dich einsetzt.«

Ronny drehte das Wasser ab und starrte Fabian an.

»Aha«, sagte er. »Und wenn mich nicht alles täuscht, willst du dieser Jemand sein?!«

»Richtig«, sagte Fabian.

»Und? Was muss ich dafür tun?«, fragte Ronny lauernd.

Plötzlich war es leise im Duschraum. Alle drei Duschen waren abgestellt. Nur das leise Platschen einiger Tropfen auf den nassen Boden unterbrach die Stille.

»Nicht viel«, meinte Fabian. Er eilte in den Umkleideraum, nahm ein Handtuch aus der Tasche und rubbelte zuerst seine Haare trocken.

»Red schon.« Patrick stellte sich neben Ronny, verschränkte die Arme und sah Fabian abschätzend an. Splitternackt und tropfnass wie er war, machte er jedoch keinen besonders bedrohlichen Eindruck.

»Ich . . .«, begann Fabian.

»Los, rede endlich«, sagte Ronny. »Bisher hört sich das nämlich nach einem ziemlich miesen Erpressungsversuch an.«

Fabian erschrak. »Um Himmels willen, nein!«, rief er aus. Schlagartig wurde ihm klar, dass er die Sache völlig falsch angefangen hatte.

Ronny und Patrick verließen ebenfalls den Duschraum, wickelten sich ihre Handtücher um den Bauch und setzten sich links und rechts neben Fabian.

»Worum geht es?«, fragte Patrick. »Komm, erzähl schon. Wenn wir dir irgendwie helfen können . . .«

»Das könnt ihr«, murmelte Fabian und sah Ronny an. »Tut mir Leid, ich wollte nicht . . .«

»Geschenkt«, unterbrach Ronny. »Aber jetzt rede endlich.«

Fabian druckste noch eine kleine Weile herum, doch schließlich überwand er sich. »Natascha . . . ihr wisst schon, die Sprinterin, die ständig eine andere Haarfarbe hat . . . die wohnt doch auch bei euch im Internat, oder?«, vergewisserte er sich.

Ronny und Patrick nickten.

»Nun, es ist so . . .«

Ronny bemerkte, wie sehr Fabian sich damit quälte, die richtigen Worte zu finden. Trotzdem ließ er ihn noch eine Weile zappeln, bis er unvermittelt sagte: »Du bist in sie verknallt!«

»Ja, genau«, ächzte Fabian und war heilfroh, dass es endlich ausgesprochen war. »Und da dachte ich, weil ihr doch mit ihr zusammenwohnt und sie jeden Tag seht . . .«

»Ganz schön clever«, meinte Ronny. »Du schlägst also vor, dass du mein Fürsprecher bei Herrn Reimann wirst, wenn ich mich für dich bei Natascha einsetze.«

»Richtig«, bestätigte Fabian.

»Vergiss es«, sagte Patrick.

»Aber wieso . . .?«, fragte Fabian enttäuscht.

»Vergiss es«, wiederholte Patrick, »Natascha will von Jungs absolut nichts wissen.«

»Steht sie etwa auf Mädchen?«, fragte Fabian gehässig.

»Quatsch! Das heißt, das weiß ich natürlich nicht«, sagte Patrick. »Aber ich kann es mir eigentlich nicht vorstellen. Die steht auf niemanden, nur auf ihren Sport. Leichtathletik ist das Einzige, was Natascha wirklich interessiert.«

»Bist du sicher?«

»Absolut«, sagte Patrick überzeugt.

»Ich weiß nicht«, meinte Ronny nachdenklich. »Ich finde, einen Versuch ist es wert. Schließlich geht es ja für mich auch um eine ganze Menge.«

»Lass dir doch von Fabian nichts einreden«, widersprach Patrick. »Herr Reimann stellt die Mannschaft zwar manchmal etwas merkwürdig auf, aber du hast heute so gut gespielt . . .«

»Trotzdem«, unterbrach Ronny, »sicher ist sicher. Außerdem habe ich schon eine Idee, wie ich Fabian und Natascha zusammenbringen kann. Eine super Idee!«

»Erzähl!«, schrie Fabian aufgeregt.

»Kein Stück«, grinste Ronny. »Das wird eine Überraschung.«

»Aber es ist abgemacht, ja?«, fragte Fabian nach. »Du hilfst mir mit Natascha zusammenzukommen?«

»Und du redest dafür mit Herrn Reimann?«

»Abgemacht«, sagte Fabian.

»Abgemacht«, sagte Ronny.

»Ihr seid verrückt«, meinte Patrick. »Da bin ich aber mal gespannt, wie ihr das anstellen wollt!«

Fünf

Natascha hatte eine Entscheidung getroffen. Ein paar Tage lang war sie unentschlossen gewesen, hatte sich selbst mit dem ewigen Hin und Her gequält und trotzdem das Training ertragen. Dabei war ihr im Innern schon längst klar gewesen, was sie zu tun hatte.
»Nächste Haltestelle – Stadion«, schnarrte eine Stimme aus dem Lautsprecher.
Natascha nahm ihre Sporttasche, drängelte sich zwischen den Fahrgästen hindurch zum Ausgang und verließ den Bus. Voller Elan marschierte sie um das Fußballstadion herum, an dem seit dem Aufstieg des SV Löwenstein in die zweite Bundesliga gebaut wurde, und betrat durch einen unscheinbaren Nebeneingang das Trainingsgelände der Leichtathleten.
Doch je näher sie den Umkleideräumen kam, desto kürzer wurden ihre Schritte. Sie hatte Angst davor, dem Trainer ihre Entscheidung mitzuteilen, denn sie konnte überhaupt nicht einschätzen, wie Herr Steinicke reagieren würde.
Vielleicht habe ich ja Glück und er versteht mich, machte Natascha sich selbst Mut. Vielleicht ist er sogar froh, dass er mich los ist! Über alle anderen Möglichkeiten wollte sie lieber gar nicht nachdenken.

Mit einem Ruck öffnete sie die Tür zu den Kabinen und stellte erleichtert fest, dass sie fast menschenleer waren. Kein Wunder – Natascha war viel zu früh dran. Sie war extra zeitig losgegangen, um mit Herrn Steinicke reden zu können, bevor das Training begann und sie seine Aufmerksamkeit mit den anderen Athletinnen teilen musste. Während Natascha sich umzog, wiederholte sie leise vor sich hin redend ihre Argumente. Bestimmt wollte der Trainer die Gründe wissen und sie wollte sich nicht die Blöße geben, stotternd oder gar stumm vor ihm zu stehen. Außerdem tat es ihr gut, sich selbst noch einmal davon zu überzeugen, dass die Entscheidung richtig war. Als Natascha die Umkleideräume verließ, hatte sie ihre Selbstsicherheit wiedergewonnen.

Sie entdeckte den Trainer im Geräteschuppen. Er war gerade dabei, ihren Startblock zu überprüfen, der ebenso wie der beim Trainingsgelände in der Schule genau auf ihre Körpermaße eingestellt war.

»Guten Tag, Herr Steinicke«, begrüßte sie ihn.

Der Trainer hatte sie nicht kommen hören und fuhr erschrocken herum. »Mensch, Natascha, das kannste mit einem alten Mann doch nicht machen«, stöhnte er, zog einen ziemlich schmutzigen, klapprigen Stuhl heran und setzte sich erst einmal.

»Was willst du überhaupt schon hier?«, fragte er, nachdem sein Herz wieder einigermaßen rhythmisch schlug und er sich beruhigt hatte. »Du bist viel zu früh dran.«

»Ich weiß. Aber . . .« Natascha kratzte all ihren Mut zusammen. »Aber ich muss mit Ihnen reden.«

»Ach ja?« Der Trainer stand auf, klopfte seine Hose sauber, lehnte sich an die Bretterwand des Geräteschuppens, verschränkte die Arme und sah Natascha von oben herab an. »Und worüber, wenn ich fragen darf?«
»Ich will aufhören!«, sagte sie schnell, bevor der Mut sie wieder verließ.
»Interessant«, meinte der Trainer. »Mit der Leichtathletik?«

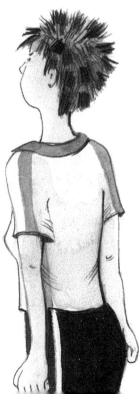

»Ja. Das heißt – nein! Nur mit der Sprintstrecke. Ich packe den Tiefstart einfach nicht, und wenn ich ihn noch tausendmal übe! Ich . . .«

»He, Mädel, nun mach mal halblang«, unterbrach der Trainer.

»Ich bin dran!«, schnitt Natascha ihm wiederum das Wort ab. »Und sagen Sie nicht immer ›Mädel‹, das kann ich nicht leiden!«

Natascha schwieg ein paar Sekunden, um sich wieder zu sammeln. Doch der Trainer gab ihr keine Chance.

»Du willst mit den Sprints also aufhören«, stellte er mit einer zuckersüßen Stimme fest. Er lächelte kalt. »Und was willst du stattdessen machen? Sackhüpfen? Hallendomino? Oder . . . – na ja, du könntest dich in deinem hohen Alter natürlich auch schon zur Ruhe setzen.«

»Ich will auf die Mitteldistanzen wechseln«, erklärte Natascha. Sie war wütend über die überhebliche Art, in der Herr Steinicke reagierte, und musste sich zusammenreißen, um nicht zu explodieren.

»Ach, na prima, die Dame hat sich entschieden, die 800 zu laufen. Ganz einfach so nebenbei. Warum nicht gleich die 1000?!«, höhnte der Trainer.

»Hören Sie mir doch mal zu!«, schrie Natascha ihn an, brach ab und starrte zu Boden. Die Tränen stiegen ihr in die Augen. Sie war wütend und gleichzeitig fühlte sie sich so hilflos.

»Nein, dafür werde ich nicht bezahlt«, blockte er schroff ab. »Ich trainiere die Athletinnen auf der Sprintstrecke.

Da du nicht mehr dazugehören willst, muss ich dir auch nicht zuhören.«

Herr Steinicke drehte sich um und ließ Natascha einfach stehen. Sie blickte ihm hinterher und bemerkte, dass er geradewegs zu Frau Kutzop ging, der Trainerin für die Mitteldistanzen, und offensichtlich mit ihr redete. Anscheinend war er sehr erregt, denn er fuchtelte wild mit den Armen in der Luft herum. Schließlich drehte er sich um und deutete auf Natascha.

Frau Kutzop nickte und setzte sich in Bewegung.

Jetzt oder nie, dachte Natascha trotz des beeindruckenden Auftritts ihres Trainers und ging ihr entgegen.

Die Trainerin begrüßte sie. »Du willst also auf die längeren Distanzen wechseln?«, fragte sie.

»Ja – nein, das heißt . . . eigentlich . . .«

»Ja oder nein?«, forderte Frau Kutzop eine Entscheidung. Für den Bruchteil einer Sekunde konnte Natascha in ihre Augen sehen. Die hat was gegen mich, stellte sie fest. Herr Steinicke hat sie gegen mich aufgehetzt. Bei der habe ich keine Chance!

Trotzdem nickte sie. »Ich will es zumindest versuchen, weil . . .«

»Gut, machen wir einen Test. Zunächst nur über 400 Meter«, unterbrach Frau Kutzop. Sie zog eine Stoppuhr aus der Tasche ihrer Trainingshose und forderte Natascha auf, sich warm zu machen und dann auf die Startposition zu begeben.

»Aber ich habe doch noch nie . . .!«, begann Natascha zu protestieren, doch wieder fiel ihr die Trainerin ins Wort.

»Ja oder nein?!«, herrschte sie sie an.
Natascha ließ die Schultern hängen. Ergeben begann sie mit einigen gymnastischen Übungen, trabte ein paar Schritte auf der Stelle und stellte sich hinter der weißen Linie auf.
»Stehe ich so richtig?«, fragte sie über die Aschenbahn.
»Und . . . los!«, rief die Trainerin anstelle einer Antwort.
»Aber . . .?«
»Na los, die Zeit läuft!«
Natascha rannte los. Das ist doch lächerlich!, dachte sie auf den ersten fünfzig Metern. Das war kein regulärer Start, so schaffe ich nie eine gute Zeit.
Trotzdem versuchte sie ihr Bestes zu geben. Sie spürte, dass sie das Rennen viel zu schnell angegangen war, und drosselte noch vor der Kurve deutlich das Tempo. Doch es nützte nichts. Sie war das Kurvenlaufen nicht gewöhnt und übertrat zwei Mal die Bahnmarkierung. In einem echten Rennen wäre sie jetzt disqualifiziert worden. Aber Natascha lief weiter. Auf der Gegengeraden versuchte sie ihr Tempo wieder zu steigern, doch sie hatte jetzt schon keine Kraft mehr. Die Beine wurden schwer, die Lungen pumpten, in den Seiten fing es an zu stechen. Natascha biss die Zähne zusammen. Auf den letzten 40 Metern wurde sie so langsam, dass sie sogar Schwierigkeiten gehabt hätte, eine Schneckenfamilie zu überholen. Ihr wurde schwindlig, bunte Sterne schienen in ihrem Kopf zu explodieren. Doch sie hielt durch. Taumelnd überquerte sie die Ziellinie und ließ sich kraftlos auf die Bahn sinken.
Sofort war Frau Kutzop bei ihr. Sie betrachtete sie mit ei-

nem besorgten Blick und stellte erleichtert fest, dass Natascha nichts Schlimmes passiert war.

»Gar nicht schlecht, Mädchen«, lobte sie, als Natascha wieder einigermaßen bei Kräften war.

»Wie war meine Zeit?«

»Die Zeit ist nicht wichtig«, entgegnete die Trainerin. Ihre Stimme klang plötzlich ganz anders, viel freundlicher. »Du hast durchgehalten und nur das zählt. Du bist 'ne Kämpferin und du hast gute Anlagen. Ich habe viele Sportlerinnen gesehen. Die meisten hätten nach 200, spätestens nach 300 Metern aufgegeben. Aber du hast das Ziel erreicht. Darauf kannst du stolz sein.«

Natascha lächelte zufrieden. »Heißt das, ich darf bei Ihnen trainieren?«

Frau Kutzop dachte einen Augenblick nach. »Nein«, sagte sie schließlich.

»Was? Aber . . . ich dachte . . . Sie haben doch gerade gesagt . . .«, stammelte Natascha überrascht.

»Ich habe gesagt, dass du gute Anlagen hast«, stellte die Trainerin richtig. »Aber ich sehe auf den ersten Blick, dass du eine Sprinterin bist. Vertrau mir, Mädchen.«

Natascha ließ den Kopf hängen. Der und vertrauen?, dachte sie. Nie. Ich bin doch nicht blöd. Die steckt doch mit dem Steinicke unter einer Decke.

»He, komm, jetzt enttäusche mich nicht! Steh auf! Mach dich gerade! Wir haben doch beide gerade gesehen, dass du kämpfen kannst, oder?! Ich weiß nicht, wo deine Probleme auf der Sprintstrecke liegen. Aber eines weiß ich genau: Wenn du jetzt umsteigst, dauert es ein, vielleicht sogar zwei Jahre, bis aus dir eine gute Mittelstrecklerin geworden ist. Wenn ich aber deinen Trainer richtig verstanden habe, bist du jetzt schon eine sehr gute Sprinterin.«

»Echt? Das hat er gesagt?«

»Hat er«, bestätigte Frau Kutzop. »Herr Steinicke hält große Stücke auf dich. Er hat mir vorhin erzählt, dass er schon lange nicht mehr ein so großes Talent wie dich trainiert hat. Er hat schon viel Zeit und Arbeit in dich investiert. Er glaubt an dich. Deswegen ist er auch so enttäuscht, dass du einfach hinschmeißen willst.«

»Einfach?« Natascha schnaubte. »Haben Sie 'ne Ahnung. Einfach war das bestimmt nicht. Ich . . .«

»Rede nicht mit mir«, wehrte Frau Kutzop ab, »rede mit deinem Trainer. Er hat mehr Verständnis, als man ihm ansieht.«

»Echt?«, zweifelte Natascha.

»Echt.« Die Trainerin schmunzelte. »Du hast eben bewiesen, dass du fighten kannst. Also los, Mädchen: Kämpfe! Stelle dich deinem Problem, was auch immer das ist, und beiße dich durch. Wenn du in einem halben Jahr immer noch unglücklich auf der Sprintstrecke bist, kannst du dich wieder bei mir melden. Okay? – So, und jetzt geh zu deinem Trainer. Ich glaube, er wartet auf dich.«

Natascha sah über die Schulter zurück und entdeckte Herrn Steinicke, der verloren vor dem Geräteschuppen stand und offensichtlich tatsächlich auf sie wartete. Sie wollte sich einen Ruck geben. Sie wollte wirklich zu ihm hinübergehen und mit ihm reden. Aber es ging nicht. Ihr Kopf war zum Bersten voll von den Gedanken, die sie sich machte. Und zugleich fühlte sie sich leer und ausgebrannt.

»Ich kann nicht«, flüsterte sie. »Ich brauch ein paar Tage Pause, ich muss nachdenken. Aber ich komme wieder, ganz bestimmt. Bitte, sagen Sie ihm das.«

»Das könnte ich machen.« Frau Kutzop sah Natascha nachdenklich an und schien zu begreifen, dass es um mehr ging als nur um die Entscheidung zwischen zwei Laufdistanzen. Trotzdem hielt sie Nataschas Entscheidung offenbar für falsch. »Ich finde allerdings, dass du hier bleiben solltest. Wenn du jetzt kneifst, wenn du

jetzt eine Pause einlegst, wirst du innerhalb weniger Tage enorme Rückschritte machen, die du nicht so schnell wieder aufholen kannst. In ein paar Wochen sind die Ausscheidungswettkämpfe für die deutschen Meisterschaften – die kannst du dann mit Sicherheit abhaken.«
Natascha erschrak. Egal, wie sie es drehte und wendete, am Ende stand sie immer als Verliererin da. Sie fühlte sich wie in einer Zwickmühle gefangen. Aber das konnte doch nicht sein. Sie musste einen Ausweg finden. Es hatte bisher immer einen gegeben!
»Geh schon.« Frau Kutzop nickte ihr aufmunternd zu, drehte sich um und ließ sie allein.
Zögernd setzte Natascha sich in Bewegung.
»Na, hast du den Ausflug auf die Mitteldistanz schon wieder beendet?«, konnte der Trainer sich eine gehässige Bemerkung nicht verkneifen.
Natascha drehte sich gleich wieder um.
»Tut mir Leid!«, rief Herr Steinicke ihr sofort hinterher. »Ich bin manchmal ein Depp.«
Natascha blieb stehen. Sie verschränkte die Arme, drehte sich halb zu ihm um und sah ihn abwartend an.
»Es tut mir Leid. Wirklich«, entschuldigte der Trainer sich noch einmal. Er machte einen Schritt auf Natascha zu. »Ich glaube, wir müssen mal miteinander reden.«
Doch dann redete fast ausschließlich Herr Steinicke. Er äußerte Verständnis für Nataschas Probleme mit dem Start und schlug vor das Start-Training zunächst zu vernachlässigen und dafür mehr im Kraftraum und an der Grundschnelligkeit zu arbeiten. »Du wirst sehen, Mä-

del, eine Woche ohne Startblock, dann hast du richtig Sehnsucht nach dem Ding. Wollen wir wetten?«

Natascha lächelte höflich. Sie fühlte sich nicht wohl, weil das, worüber sie gern geredet hätte, überhaupt nicht zur Sprache gekommen war. Doch die Aussicht, eine Woche lang den blöden Startblock nicht sehen zu müssen, machte ihr genug Hoffnung, um das Training wieder aufzunehmen.

Herr Steinicke widmete sich während des Trainings fast ausschließlich ihr. Er nahm sie richtig ran, ließ sie zahllose kurze Zwischensprints und Sprungübungen machen. Als Nataschas Trikot eine Dreiviertelstunde später bereits in Schweiß getränkt war, beendete er das Training im Freien und schickte sie noch in den Kraftraum, wo sie an ihrer Bein- und Bauchmuskulatur arbeiten sollte.

Völlig ausgepumpt, aber frisch geduscht und körperlich gut drauf stieg Natascha zwei Stunden später wieder in den Bus. Sie fühlte sich wohl – bis ihr Blick ein Werbeplakat streifte, das in dem Fenster klebte. *Hast du deine Zukunft fest im Griff?*, fragte das Arbeitsamt in trendigen Farben und versprach Hilfe durch Berufsberatung.

Plötzlich waren die trüben Gedanken wieder da. Von einer Sekunde auf die andere war sie wieder angespannt und die gute Laune, die nach der Anstrengung im Kraftraum von ihr Besitz ergriffen hatte, verschwand in Rekordzeit. Sie fürchtete sich selbst etwas vorgemacht zu haben.

Selbst wenn ich ein paar Hundertstel durch das Krafttraining gutmachen kann, dachte sie, einen schlechten Start kann ich damit nie ausgleichen. Es nützt nichts – ich muss meinen Start verbessern. Egal wie!

Als sie zwanzig Minuten später an der Haltestelle an der Bundesstraße ausstieg und den schmalen Weg zum Sportinternat entlangging, führten ihre Schritte sie fast automatisch zum Leichtathletikgelände.

Ein paar Versuche nur, nahm sie sich vor. Verdammt, ich muss diesen verfluchten Start doch irgendwie hinkriegen!

Sechs

»Könnt ihr bitte mal leise werden?! Wir wollen anfangen!«, versuchte Frau Runge sich Gehör zu verschaffen. Doch die Internatsleiterin hatte es schwer, sich gegen den Lärmpegel durchzusetzen.
Die Bewohner des dritten Stocks hatten alle verschiedene Tagesabläufe. Das lag an den unterschiedlichen Stundenplänen in der Schule und an den Trainingszeiten. Manche Sportler, wie zum Beispiel die Schwimmer, trainierten bereits frühmorgens, noch vor dem Frühstück. Andere kamen dagegen erst spät am Abend vom Training zurück ins Internat. Jede Woche fuhr irgendjemand auf irgendeinen Trainingslehrgang oder zu mehrtägigen Wettkämpfen. Es war selten, dass so viele der Jugendlichen gleichzeitig anwesend waren. Frau Runge hatte aber auch stundenlang nach einem geeigneten Termin für die kleine Vollversammlung gesucht, um die Ronny gebeten hatte.
Im Moment interessierte sich allerdings fast niemand dafür. Die Bewohner nutzten die Gelegenheit, um sich gegenseitig auf den neuesten Stand der Dinge zu bringen. Im Mittelpunkt standen natürlich Jenny und Ramona. Sie wurden von den anderen Mädchen umringt

und als Expertinnen in Sachen Liebe ausgequetscht. Auch Ronny und Patrick sonnten sich in dem Ruhm, als einzige von über zwanzig Jungs eine Freundin zu haben.

»Leute, bitte!«, versuchte Frau Runge es erneut und diesmal hatte sie mehr Erfolg. Zumindest kurzfristig wurde es leiser. Doch kaum hatte die Leiterin die Jugendlichen darum gebeten, die Anwesenheit festzustellen, damit die Vollversammlung beginnen konnte, ging der Lärmpegel wieder sprungartig in die Höhe.

Seufzend machte sich Frau Runge mit der Unterstützung von Frau Dombrowski selbst daran, alle Anwesenden auf einer Liste abzuhaken.

»Vierunddreißig – stimmt«, verkündete sie anschließend laut.

»Aber wir sind doch 38«, sagte Tom.

»Stimmt, gut aufgepasst«, machte sich Frau Runge über den kleinen Boxer lustig. »Aber falls du es noch nicht bemerkt haben solltest: Einige fehlen mal wieder. Sebastian zum Beispiel, dein Mitbewohner. Er ist seit zwei Tagen bei der Ruder-Junioren-Europameisterschaft.«

»Ach, deswegen antwortet der nie, wenn ich ihn etwas frage«, kam Tom die Erleuchtung.

Frau Runge lachte, genau wie alle anderen in dem Aufenthaltsraum. Sie war sich nie ganz sicher, ob Tom wirklich manchmal eine lange Leitung hatte oder ob er mit seiner meist etwas dümmlich wirkenden Art nur alle aufzog.

»Unsere beiden Tischtennisspieler haben heute ein Sondertraining, das leider nicht verschoben werden konnte«, erläuterte die Internatsleiterin die weitere Abwesenheitsliste.

»Und wo ist Markus?«, fragte jemand.

»Den habe ich vorhin zum Arzt geschickt.«

»Oh nein!«, stöhnten einige gleichzeitig auf.

»Was ist ihm denn diesmal passiert?«, wollte Pitt wissen.

»Er wollte vorhin in seinem Zimmer Hanteltraining machen. Allerdings hat er sich vorher das Gesicht eingecremt, weil er Angst davor hat, Pickel zu kriegen . . .«

»Lassen Sie mich raten«, unterbrach Ramona: »Er hat sich danach nicht die Hände abgewischt, nimmt mit den glitschigen Fingern eine Hantel hoch und – boing . . .!«

»Genau!«, lachte Frau Runge, obwohl Markus' erneuter Unfall eigentlich nicht lustig war. »Das schwere Ding ist dem Pechvogel aus anderthalb Metern Höhe voll auf den Fuß gefallen.«

»Oh Mann, der ist sogar zu dämlich zum Milchkaufen!«, rief Tom. »Fällt hin und zerbricht die Mark . . .!«

»Das musst du gerade sagen!«, krähte ein anderer dazwischen. »Du würdest ja noch nicht einmal den Supermarkt finden!«

»Nee, vielleicht nicht, aber meine Mark wäre noch heil«, konterte Tom.

»Ist gut jetzt, beruhigt euch wieder«, mischte Frau Runge sich ein, bevor die sofort einsetzende Unruhe zu stark wurde. »Ich eröffne jetzt die kleine Vollversammlung für den dritten Stock. Es sind 34 Bewohner anwesend, damit sind wir, falls das erforderlich ist, beschlussfähig.«

Sie machte eine kurze Pause, bevor sie fortfuhr. »Die Versammlung ist auf Wunsch von Ronny einberufen worden. Zu seinem Punkt kommen wir später. Zunächst einmal gebe ich die Tagesordnung bekannt und nehme die Themen auf, die ihr ansprechen wollt. Also, erstens . . .«

Ronny machte die Ohren dicht. Er hatte die Liste der zu besprechenden Punkte bereits auf dem Aushang am schwarzen Brett gelesen und festgestellt, dass ihn kein Thema besonders interessierte.

In Gedanken ging er sein Anliegen noch einmal durch. Natürlich hatte er längst mit Patrick über seinen Plan gesprochen, wie er Fabian und Natascha zusammenbringen konnte. Patrick war zuerst noch der Ansicht gewesen, dass Ronny das nicht nötig hatte, weil der Trainer ihn bestimmt aufstellen würde. Doch mittlerweile war das erste Spiel der neuen Saison vorbei. Die Löwen hatten 4:1 gewonnen. Ohne Ronny, der die ganze Zeit auf der Bank geschmort hatte. Er war zwar enttäuscht gewesen, aber auch er musste zugeben, dass der Prinz eine Klasse besser war. Er hatte auf dem Rasen ein wahres Ideenfeuerwerk abgebrannt und mit einem Traumpass nach dem anderen den Sieg fast im Alleingang besorgt.

Ronnys Chancen, beim nächsten Spiel berücksichtigt zu werden, waren nach dem grandiosen Spiel nicht gerade besser geworden. Seitdem hatte Patrick nichts mehr gegen Ronnys Plan gesagt und ihn bei der Umsetzung der Idee tatkräftig unterstützt.

»Ronny!«

Ronny schreckte zusammen und starrte Frau Runge an, die ihm freundlich zuzwinkerte.

»Guten Morgen. Es freut mich, dass du mir so aufmerksam zugehört hast«, sagte sie mit ironischer Stimme. »Ich hoffe, dass du bei der Vorstellung deines Themas mehr Interesse entgegengebracht bekommst.«

Ronny räusperte sich. Er spürte, dass er verlegen wurde. Ob es daran lag, dass Frau Runge ihn beim Träumen erwischt hatte oder dass er jetzt vor einer größeren Gruppe frei sprechen musste, wusste er nicht so genau. Letztlich war das aber auch egal. Er ahnte, dass sein Kopf leuchtend rot glühte, und das machte ihm die Sache nicht gerade leichter.

»Na los, du bist dran«, munterte die Internatsleiterin ihn auf. »Nur Mut.«

»Okay«, stammelte Ronny, »also ich . . . nee, wir – also ich und Patrick, wir haben eine Idee. Also quasi gewissermaßen einen Vorschlag . . .«

Puh, ächzte Ronny stumm und wischte sich den Schweiß von der Stirn. Er hatte geahnt, dass es ihm nicht leicht fallen würde, vor so vielen Menschen zu reden. Aber dass er keinen einzigen vernünftigen Satz über die Lippen brachte, damit hatte er nicht gerechnet.

In seinem Kopf herrschte ein schwerer Ausnahmefehler. Gedanken rissen auseinander und fügten sich völlig sinnlos wieder neu zusammen. Jedes Wort, das er auf der Festplatte in seinem Hirn abgespeichert hatte, war verschwunden, ausgelöscht, einfach weg.

»Ja, also . . .«, versuchte er stotternd den Faden wieder aufzunehmen, den er doch schon längst verloren hatte.

Jenny rettete ihn. Auch sie wusste Bescheid. Nicht im Detail, natürlich, aber sie hatte genug von dem Plan mitbekommen, dass sie an seiner Stelle den Anfang erzählen konnte.

»Es geht um Folgendes: Ronny und Patrick schlagen vor, dass wir ein Fest feiern. Eine richtige Party, zum Abschluss des Sommers.«

Der Jubel, der Jennys Worten folgte, war unbeschreiblich. Alle redeten aufgeregt durcheinander. Eine Party, ja klar, das musste dringend mal wieder sein. Die letzte war schon ziemlich lange her. Und der Sommer war in diesem Jahr so super gewesen, der hatte es auf alle Fälle verdient, mit einem riesigen Fest verabschiedet zu werden.

»Das ist noch nicht alles!«, rief Ronny, der sich wieder gefangen und vor allem durch die lautstarke und positive Resonanz der anderen sein Selbstbewusstsein wieder gefunden hatte.

»Die Party soll einen ganzen Tag dauern, von mittags bis zum späten Abend«, erläuterte er seine Idee, nachdem es wieder leiser geworden war. »Und wir wollen, dass es eine Feier nur für uns vom dritten Stock wird, ohne die Großen.«

Zustimmendes Gemurmel setzte ein.

»Aber das Beste kommt erst noch«, verkündete Ronny. »Wir haben nämlich überlegt, dass es ganz lustig sein könnte, wenn jeder von uns seine ganze Sparte einlädt, damit die, die nicht hier wohnen, das Internat mal kennen lernen können.«

Auch diesen Vorschlag fanden alle super, wie aus den begeisterten Reaktionen leicht herauszuhören war. Nur Frau Runge und Frau Dombrowski schienen nicht ganz so erfreut zu sein.

»Moment, nicht so voreilig«, bremste die Internatsleiterin die aufkeimende Vorfreude. »Grundsätzlich haben wir ja nichts gegen ein Fest, ganz im Gegenteil. Aber zunächst sind da noch ein paar Punkte zu klären. Zum Beispiel, was ihr den ganzen Tag lang machen wollt. Und mich würde auch interessieren, wo ihr die vielen Leute unterbringen wollt. Einerseits soll das Fest nur für den dritten Stock sein, andererseits wollt ihr sämtliche Fußballer, Handballer, Schwimmer, Leichtathleten, Boxer und was weiß ich noch einladen. Das sind doch hunderte! Wie soll das gehen?«

»Ganz einfach«, triumphierte Ronny. Er hatte sich zusammen mit Patrick über alles Gedanken gemacht. »Erstens: Wir feiern nicht im Haus, sondern unten am See. Da ist genug Platz, und wenn die Party bald stattfindet, ist es auch noch warm genug. Außerdem wollen wir keine normale Party feiern, sondern ein riesiges Grillfest, mit tollem Essen, Wettspielen im See oder am Strand – na ja, und abends dann eine Disko, ganz romantisch, mit Fackelbeleuchtung und so.«

»Okay«, sagte Frau Runge. »Das klingt nicht schlecht. Aber dass jeder alle seine Mitspieler und Mannschaftskameraden einlädt, das wird mir zu viel. Wobei mir die Idee, Außenstehende zu uns einzuladen, damit sie uns besser kennen lernen können, sehr gut gefällt. – Was haltet ihr davon«, schlug sie nach einer kurzen Denkpause vor, »wenn jeder von euch zwei Freunde von außerhalb einlädt? Das wären dann ungefähr hundert Jugendliche – eine Zahl, die wir überblicken können, nicht wahr, Frau Dombrowski?«

Die Erzieherin lächelte gequält, aber sie nickte zustimmend. »Machen Sie man, auf mich können Sie zählen.«

»Sie bekommen dafür auch einen Tag Sonderurlaub«, versprach die Internatsleiterin und lächelte Frau Dombrowski dankbar und zugleich bemitleidend zu, bevor sie sich wieder Ronny zuwandte. »Und an was für Spiele habt ihr gedacht?«

»Ein Fußballspiel«, rief Pitt dazwischen und berichtete von der Abmachung mit Herrn Schneider. »Das wird der Höhepunkt des Festes. Wir gegen die Alten!«
»Vorsicht, Pitt«, warnte Frau Runge. »Ich spiele sehr gern Fußball und hätte nicht übel Lust, in Herrn Schneiders Team mitzumischen. Für jeden Spruch, den du gegen uns angeblich so alte Leute machst, schieß ich ein Tor gegen dich.«
»Dürfen denn auch Mädchen mitspielen?«, fragte Ramona interessiert.
»Ja, ich denke, es sollten auf beiden Seiten gemischte Mannschaften sein«, beschloss Frau Runge und erteilte Pitt den Auftrag, ein Team zusammenzustellen und sich um alles, was mit der Planung des Fußballspiels zu tun hatte, zu kümmern. »Habt ihr sonst noch Ideen, was wir an dem Tag machen könnten?«
Eine Menge Vorschläge wurden in die große Runde geworfen, genug, um drei Tage durchzufeiern. Es entstand ein wunderbares, aufgeregtes und lautes Durcheinander. Doch am Ende hatten sich genügend Bewohner des Sportinternats gefunden, die jeweils für einen Bereich verantwortlich waren, vom Einkaufen der Lebensmittel über das Organisieren eines großen Grills und dem Vorbereiten von ein paar Spielen bis hin zum Aufbau der Diskoanlage am Seeufer und der Auswahl der CDs. Frau Runge sagte zu, dass sie die Sponsoren, die das Sportinternat ab und zu unterstützten, und andere Firmen aus der Umgebung bitten wollte zu der Party etwas beizusteuern. Ronny und Patrick bekamen

die Oberaufsicht und waren die Verantwortlichen für das gesamte Fest.

Frau Runge löste die Vollversammlung auf und 34 vor Tatendrang sprühende Jugendliche verließen den Aufenthaltsraum.

Ronny und Patrick klatschten sich begeistert ab, als sie wieder allein auf ihrem Zimmer waren.

»Das hat ja toll geklappt«, meinte Patrick. »Jetzt müssen wir es nur noch schaffen, Natascha mit Fabian zusammenzubringen.«

»Das wird ein Kinderspiel«, war Ronny überzeugt. »Mann, Fabian hat einen ganzen Tag lang Zeit. Wir werden schon dafür sorgen, dass die beiden zusammentreffen. Fabian kann ein Würstchen für sie grillen, wir können sie bei den Spielen gegeneinander oder miteinander antreten lassen – und wenn das noch nichts bringt, haben wir ja auch noch die Disko.«

»Deine Idee mit den Fackeln am Strand war klasse«, meinte Patrick.

»Die ist mir ganz spontan gekommen«, sagte Ronny.

»Ich weiß«, grinste Patrick, »und zwar genau in dem Moment, als Jenny dich einmal sehr verknallt angesehen hat.«

»Na und? Hast du was dagegen?«

»Nee, kein Stück«, sagte Patrick lachend. »Und was machen wir jetzt?«

»Wir gehen in die Mensa. Ich habe einen Bärenhunger«, gestand Ronny.

Die beiden verließen ihr Zimmer und stiefelten aus Gewohnheit die Treppen hinab, obwohl der Aufzug inzwischen längst repariert war.

»Es müsste schon mit dem Teufel zugehen, wenn Fabian es auf dem Fest nicht schafft«, nahm Ronny im Treppenhaus das alte Thema wieder auf.

»Es sei denn, Natascha macht sich wirklich nichts aus Jungs«, schränkte Patrick ein. »Oder sie kann Fabian nicht leiden . . .«

»Okay«, gab Ronny zu, »aber dann kann ich auch nichts machen. Die Abmachung mit Fabian lautet, dass ich es versuchen soll. Echt, mehr können wir wirklich nicht für ihn tun. Ein bisschen was muss er schließlich auch noch selber machen.«

»Ach, wenn er unbedingt noch ein paar Tipps von einem Profi haben will . . .«, sagte Patrick keck.

»Angeber«, lachte Ronny und zog die große Glastür auf. »Los, wir machen einen Wettlauf. Wer zuerst in der Mensa ist, bekommt von dem anderen den Nachtisch.«

»Ist gut. Eins – zwei – und . . . los!«, zählte Patrick und raste davon.

Ronny ging ganz gemütlich hinterher. Er wusste, dass es Griespudding mit Aprikosen gab. Griespudding konnte er auf den Tod nicht ausstehen. Patrick übrigens auch nicht . . .!

Sieben

Erschöpft, mit einem Gefühl wie Blei in den Knochen, schleppte Natascha sich in das Gebäude des Sportinternats, grüßte müde im Vorbeigehen den Sicherheitsmann, betätigte den Knopf, um den Fahrstuhl zu rufen, ließ ihre Sporttasche zu Boden sinken und lehnte sich gegen die Wand.

Sie musste nicht lange warten. Schon Sekunden später glitten die Türen geräuschlos auf.

»Hi, Natascha«, rief Pitt, der mit dem Aufzug nach unten gefahren war, und deutete mit dem Daumen hinter sich. »Das Ding funktioniert wieder super. Eigentlich müssten wir Markus dankbar sein. Wenn er den Fahrstuhl beim Umzug nicht demoliert hätte . . .«

Natascha verzog die Mundwinkel zu einem freudlosen Lächeln, nahm ihre Tasche wieder hoch und schob sich an ihm vorbei in den Aufzug.

»Was ist denn mit dir los?«, fragte Pitt irritiert. »Habe ich dir etwas getan?«

»Nein«, murmelte Natascha, »natürlich nicht. Entschuldige bitte. Ich bin einfach nur k. o.!«

»So siehst du auch aus«, stellte Pitt erschrocken fest. »Völlig fertig, als ob du nächtelang nicht gepennt hät-

test. Mann, dir möchte ich nicht im Dunkeln begegnen. Hast du dich heute schon im Spiegel gesehen? Ich kann dir sagen ...«
»Es reicht, Pitt!« Natascha starrte ihn grimmig an. »Mach mich nicht furchtbarer, als ich bin.«
»Nee, so war das doch gar nicht gemeint. Ich wollte doch nur . . .«
Natascha ließ ihn einfach stehen. Sie drückte auf den Knopf zur dritten Etage. Die Türen schlossen sich und die Kabine rauschte im Expresstempo nach oben.
Pitt hatte Recht, der Aufzug funktionierte wieder wie neu. Das Licht flackerte nicht mehr und selbst das grässliche, schleifende Geräusch, das irgendein Teil an der Außenwand verursacht hatte, war verschwunden.
Vielleicht sollte mal jemand Markus im Krankenhaus besuchen, dachte Natascha, als sich die Lifttüren erneut öffneten und sie im dritten Stockwerk ausstieg.
»Um Himmels willen, Natascha, wie siehst du denn aus?« Frau Runge blieb stehen und sah sie sorgenvoll an. »Hast du etwa einen Gewaltmarsch hinter dir?«
Hilfe, dachte Natascha, ich muss ja wirklich schlimm aussehen.
»Komm rein.« Die Internatsleiterin deutete einladend auf ihr Büro, dessen Tür wie meistens offen stand. »Ich mache dir eine Tasse Tee und dann plaudern wir beide ein bisschen. Einverstanden?«
Natascha schüttelte den Kopf. »Ich komme gerade vom Training.«

»Jetzt?«, wunderte sich Frau Runge. »Du hast doch heute gar kein Training.«
»Ich trainiere allein, für mich selbst«, erklärte Natascha. »Es sind nur noch zehn Tage bis zu den Ausscheidungskämpfen für die deutschen Meisterschaften. Irgendwie muss ich bis dahin diesen blöden Tiefstart noch lernen, sonst habe ich keine Chance.«
»Mädchen, Mädchen, übernimm dich nicht«, meinte Frau Runge besorgt. »Was ist mit dem Tee? Magst du? Ich hätte eine halbe Stunde Zeit für dich. Vielleicht möchtest du über irgendetwas reden?«
»Nein, wirklich nicht«, sagte Natascha. »Ich will nur noch unter die Dusche und dann ab in mein Bett.«
»Dann solltest du dich aber beeilen«, riet die Internatsleiterin mit einem Blick auf die Uhr. »Du hast noch knapp eine Viertelstunde, dann beginnt die Jungs-Zeit.«
»Das reicht dicke«, war Natascha überzeugt. Und selbst wenn sie zu lange duschte und ein Junge sie unbekleidet zu Gesicht bekam – na und? Was war denn schon dabei? Natascha war seit ihrem sechsten Lebensjahr Mitglied in einem Sportverein. Von Anfang an hatte sie immer mit Mädchen und Jungs gemeinsam trainiert. Es war selbstverständlich gewesen, dass sich alle in derselben Kabine umzogen und eben auch zur selben Zeit duschten. Was war denn daran so aufregend?!
Gut, sie hatte schon bemerkt, dass es seit zwei Jahren immer seltener vorkam, dass Jungs und Mädchen bei den Wettkämpfen dieselben Umkleideräume hatten. In diesem Jahr nur einmal, bei einem Sportfest in einem

kleinen Ort, dessen Sportverein insgesamt nur zwei Umkleideräume zur Verfügung stellen konnte. Einer war für die Junioren, der andere war den Senioren vorbehalten. Aber auch dort hatte man darauf geachtet, dass Jungs und Mädchen unterschiedliche Umkleidezeiten bekamen. Zumindest am Anfang. Während des Sportfestes war dann alles quer durcheinander gegangen und niemand hatte sich daran gestört.

»Ich weiß wirklich nicht, warum alle so ein Aufhebens darum machen«, murmelte Natascha vor sich hin.

Frau Runge hörte es trotzdem.

»Ich könnte mich jetzt damit rausreden, dass es Vorschriften gibt«, antwortete sie, obwohl die Bemerkung gar nicht ihr gegolten hatte. »Ich könnte sagen, dass ich diese Vorschriften auch ein wenig albern finde. Realitätsfern, von mir aus. Schließlich ist ja allgemein bekannt, dass Jungen und Mädchen bis zu einem gewissen Alter gemeinsam Sport treiben.«

»Beim Fußball spielen sie bis zum 12. Lebensjahr zusammen, das weiß ich von meinem Bruder«, sagte Natascha.

»Bis zur D-Jugend, genau«, sagte Frau Runge, »und danach werden die Teams auseinander gerissen. Ich sage ja, dass ich diese starren Vorschriften manchmal auch ein wenig albern finde. Aber wir haben nun mal die Aufsichtspflicht über euch und ich möchte mir nichts zu Schulden kommen lassen. Außerdem sehe ich schon einen Unterschied darin, ob man zusammen Sport getrieben hat und dann eben auch gemeinsam duscht und sich umzieht – oder ob das sozusagen im Privatbereich passiert.«

»Ja?«, fragte Natascha neugierig. »Welchen Unterschied? Ich habe schon so viele Jungs nackt gesehen – die sehen doch alle gleich aus.«

»Ach komm, Natascha, jetzt verkauf mich nicht für dumm«, lachte Frau Runge. Sie zeigte auf ihre Uhr. »Außerdem wird die Zeit langsam wirklich knapp. Wenn du noch duschen willst . . .«

Wie auf Kommando drehte Natascha sich um und wollte losgehen. Doch schon beim ersten Schritt zuckte sie vor Schmerz zusammen. Das Gespräch hatte sie abgelenkt und für einen Moment ihre geschundenen Knochen vollkommen vergessen lassen.

»Ist dir etwas passiert?«, fragte Frau Runge und wollte zu Hilfe eilen.

»Nein, alles okay«, wehrte Natascha ab. »Ich bin nur . . .«

Sie ließ den Satz unbeendet und ging, allerdings langsamer und etwas vorsichtiger als eben, direkt in den Duschraum.

Der Blick in den Spiegel versetzte ihr einen gewaltigen Schrecken. Unter ihren matten, müden Augen waren dicke, fast schwarze Ringe. Natascha war sicher, dass die am Morgen noch nicht da gewesen waren. Ebenso wenig wie die deutliche Blässe um ihre Nase. Überhaupt sah ihre Haut merkwürdig aus, irgendwie fahl, beinahe grau!

Die Haare waren ebenfalls eine Katastrophe. Natascha hatte sich schon seit geraumer Zeit nicht mehr um sie gekümmert. Das ehemals leuchtende Orange, mit dem sie die Haare beim letzten Mal gefärbt hatte, war durch die Mischung von Schweiß und Staub kaum noch zu erkennen und erinnerte eher an eine matschige Apfelsine. Außerdem waren die Haare schon wieder um einige Millimeter gewachsen und Nataschas natürliche Haarfarbe kam zum Vorschein: Straßenköterblond.

»Ich sehe scheiße aus, richtig scheiße!«, stellte Natascha fest. Sie riss sich die Kleider vom Leib und beeilte sich unter die Dusche zu kommen. Abwechselnd heiß und kalt ließ sie das Wasser auf ihren Körper prasseln, bis sie die Erschöpfung nicht mehr spürte, stellte dann eine angenehme Temperatur ein, richtete den Duschkopf auf ihr Gesicht und genoss eine prickelnde Massage.

Lange, bis weit über die Mädchenzeit hinaus, stand sie unter der Dusche – und kein Junge kam.

Na also, dachte sie, stellte das Wasser ab und zog ein großes Handtuch aus ihrer Sporttasche, mit dem sie sich sorgsam trocken rubbelte.

Na also, dachte sie noch einmal, als sie einen kontrollierenden Blick in den Spiegel riskierte. Die dunklen Ringe unter den Augen waren zwar noch zu sehen und auch die Haare hatten sich natürlich nicht von selbst nachgefärbt, aber ihre Haut sah schon wieder frischer aus. Vor allem fühlte Natascha sich erheblich besser.

Sie wickelte sich in das Handtuch, packte ihre Sachen zusammen und verließ den Duschraum, voller Vorfreude auf ihr Bett und mindestens zwei Stunden Schlaf, bevor sie zum Abendessen wieder aufstehen musste.

Es wurde nichts draus, denn Kim hatte Besuch. Sie, Vanessa und Jana saßen auf dem Fußboden zwischen den beiden Betten, auf denen eine Unmenge von Klamotten lagen: lustig bedruckte T-Shirts, ärmellose Tops, die kurz genug waren, um den Bauchnabel frei zu lassen, schwarze und weiße Tops mit Spagettiträgern, ein edles Hemd mit Weste von Janas Opa, andere Hemden, mit und ohne Löcher, knallenge lange Jeans, enge kurze Jeans, extra weite Hosen, lange Baumwollröcke, ultrakurze Miniröcke ...

Natascha sah sich erstaunt um und entdeckte vor der geöffneten Balkontür auch noch einen riesigen Haufen mit den unterschiedlichsten Schuhmodellen.

»Was ist denn hier los?«, fragte sie verblüfft.

»Klamottenprobe«, sagte Kim.

»Wir haben unsere Sachen gecheckt, aber für die Party am Samstag ist einfach nicht das Richtige dabei«, stöhnte Vanessa.

»Wir wollen in die City gehen, zum Einkaufen«, erklärte Jana. »Kommst du mit? Wir haben nur auf dich gewartet.«

»Ich?«, stammelte Natascha, immer noch perplex. »Nein, ich wollte eigentlich . . .«

»Wie siehst du überhaupt aus?«, fragte Kim.

Natascha sah an sich herunter. »Ich habe geduscht.«

»Das meine ich nicht«, sagte Kim. »Hast du etwa schon wieder trainert?«

»Ja – wieso?«

»Weil du völlig fertig aussiehst«, stellte Vanessa fest. »Findest du nicht, dass du das Training allmählich übertreibst?!«

»So wie du aussiehst, hilft nur eines«, meinte Jana.

»Zwei Stunden Schlaf?«, murmelte Natascha hoffnungsvoll. Doch sie ahnte schon, dass Jana bestimmt etwas anderes gemeint hatte.

»Quatsch«, sagte sie prompt. »Ein Einkaufsbummel mit uns! Du wirst sehen, danach fühlst du dich wie neugeboren.«

»Nach zwei Stunden Schlaf auch«, meuterte Natascha.

»Nichts da! Du musst mal auf andere Gedanken kommen. Immer nur Training, da bekommst du auf die Dauer doch einen Schaden.« Kim sprang auf und schälte Natascha aus dem Handtuch, während die beiden anderen Mädchen zum Kleiderschrank eilten, um für sie etwas zum Anziehen rauszusuchen.

»Oh Mann, wenn ich mir das hier so ansehe, wird es aber dringend Zeit, dass du mal wieder einkaufen gehst«, stellte Jana lachend fest. »So was hier ist doch schon lange out!«

Eine Zehntelsekunde später zuckte sie zusammen und fuhr wütend herum. Doch der Tritt, mit dem Vanessa sie zum Schweigen bringen wollte, war zu spät gekommen.

»Was soll das? Wieso trittst du mich?«, fragte Jana sauer.

»Meine Eltern sind eben nicht so reich wie eure«, erklär-

te Natascha mit fester Stimme. »Ich kann mir nicht jeden Monat neue Klamotten kaufen. Das meiste, was du dort in dem Schrank siehst, hat bereits meine ältere Schwester getragen. – Na, bist du jetzt schockiert?«
Sie marschierte geradewegs auf Jana zu und nahm ihr das ausgeblichene Sweatshirt aus den Händen, über das die sich lustig gemacht hatte.
»Tut mir Leid, das konnte ich ja nicht wissen«, entschuldigte sich Jana.
Natascha starrte sie an. Sie kannte sie nicht besonders gut. Sie wusste nur, dass Jana zu den Volleyballerinnen gehörte, die in der vergangenen Saison überlegen deutscher Jugendmeister geworden waren, und dass Vanessa ab und zu etwas mit ihr unternahm. Wahrscheinlich hatte sie Jana auch mitgebracht.
»He, es tut mir wirklich Leid«, wiederholte Jana, weil Natascha nicht reagierte. »Bist du jetzt sauer?«
»Nein.« Natascha lächelte. »Warum auch? Du hast es ja nicht böse gemeint. Außerdem hast du Recht: Meine Klamotten sind uralt. Ich könnte dringend etwas Neues gebrauchen.«
»Ich habe eine Idee«, meinte Jana. »Wir drei können doch für dich zusammenlegen, damit . . .«
»Noch ein Wort, und dann bin ich sauer!«, rief Natascha dazwischen. »Ich habe ein Sparbuch, da ist bestimmt genug drauf.«
Ein neues Outfit könnte wirklich nicht schaden, dachte sie überrascht. Bisher hatte sie sich noch nie Gedanken über ihre Kleidung gemacht. Sie trug, was der Kleider-

schrank hergab. Und der wurde nicht oft aufgefüllt. Für Mode und anderen Schnickschnack hatte Natascha bisher weder Zeit noch Geld noch Interesse gehabt. Doch sie kam nicht dazu, weiter darüber nachzudenken.
»Wenn das so ist, müssen wir aber sofort los, sonst hat die Bank geschlossen«, drängelte Kim.
Natascha sprang schnell in ein paar hastig zusammengesuchte Klamotten. Drei Minuten später befanden sich die vier Mädchen bereits auf dem Weg in die City von Löwenstein und nach weiteren zwanzig Minuten hatte Natascha ihr Sparbuch zur Hälfte geplündert.
Zweieinhalb Stunden, sieben Boutiquen, vier Kaufhäuser und elf entnervt zurückgelassene Verkäuferinnen später war ein großer Teil des Geldes wieder ausgegeben. Die Mädchen hatten sich durch die belebte Fußgängerzone treiben lassen und waren vor fast jedem Schaufenster stehen geblieben. Sie hatten sich alles angesehen, das meiste davon anprobiert und einiges sogar gekauft. Jede schleppte mindestens drei Tüten durch die Innenstadt.

Doch Kim hatte noch nicht genug. Sie hatte von einem Kaufhaus gehört, das erst vor wenigen Wochen seine Pforten geöffnet hatte. Dort wollte sie unbedingt noch hin.

»Okay«, stöhnte Vanessa, »aber zuerst brauche ich dringend etwas zu trinken, sonst falle ich gleich um.«

Die vier Mädchen fanden ein italienisches Eiscafé, das etwas abseits der Einkaufsstraße lag und dessen Tische im Freien noch nicht komplett besetzt waren. Sie bestellten und begannen, ihre Einkäufe aus den Taschen zu kramen. Heiße Teile kamen zum Vorschein. Vor allem Miniröcke, die sich zwar nicht besonders von denen auf Nataschas und Kims Betten unterschieden, aber eben neu und damit um Klassen besser waren als die alten.

»Mädels, in diesen Klamotten werden wir die Königinnen auf der Party sein, wetten?«, rief Jana und hielt ein Top hoch, das angezogen mehr Haut zeigte als verdeckte.

»Hör bloß auf mit diesem ›Mädels‹«, sagte Natascha, »ich kann das Wort einfach nicht mehr hören.«

»Wieso?«, fragte Vanessa. »Was hast du denn dagegen?«

»Ach, nichts«, wich Natascha aus.

»Komm, erzähl schon«, bat Kim. »Schließlich sind wir Freundinnen, und Freundinnen kann man alles erzählen.«

Natascha sah sie nachdenklich an. Sie war sich da überhaupt nicht sicher. Trotzdem begann sie zu reden, nachdem der Kellner die Getränke gebracht hatte. Langsam zunächst, zögernd und unsicher. Doch bald purzelten die Worte schneller aus ihrem Mund, als sie denken konnte. Sie redete und redete, ohne Punkt und Komma. Über die Sorgen, die sie sich machte, über ihre Eltern, die Niederlagen und die Angst, nicht auf dem Internat bleiben zu dürfen. Zum ersten Mal redete Natascha sich alles von der Seele. Und Kim, Vanessa und Jana hörten zu, stumm und aufmerksam.

Völlig geschafft sank Natascha in sich zusammen, nachdem sie geendet hatte. Sie fühlte sich befreit und seit langem endlich einmal wieder vollkommen entspannt, auch wenn ihr klar war, dass sich ihre Situation nur durch das Erzählen kein Stück verändert hatte.

Die anderen drei sagten nichts. Nachdenklich tranken sie ihren Cappuccino, der längst kalt geworden war.

»Willst du wissen, was ich an deiner Stelle tun würde?«, durchbrach schließlich Jana als Erste das Schweigen.

Natascha nickte.

Jana kramte in ihrer Tasche und brachte eine kleine Dose zum Vorschein. Sie öffnete sie und schüttete sechs oder sieben kleine, weiße Kügelchen in Nataschas Hand.

»Was ist denn das?«, fragte Vanessa. Ihre Stimme klang sehr skeptisch.

»Kleine Muntermacher«, kicherte Jana. »Absolut harmlos. Ich nehme sie fast regelmäßig, vor jedem Spiel. Die machen dich fit und den Kopf wieder frei. Wollt ihr auch welche?«

»Du spinnst ja wohl?!«, fauchte Vanessa wütend. »Lass mich bloß mit diesem Dreckszeug in Ruhe! – Kommt«, sagte sie zu Kim und Natascha, »mit der will ich nichts mehr zu tun haben.«

Sie sprang auf, schnappte sich ihre Einkaufstüten und verließ den Tisch.

Kim warf Jana einen verächtlichen Blick zu, nahm einen Schein aus ihrer Geldbörse, legte ihn auf den Tisch und lief Vanessa hinterher.

Natascha sah auf die Kügelchen in ihrer Hand. »Und die helfen wirklich?«, fragte sie zweifelnd.

»Todsicher«, antwortete Jana. »Sieh mich doch an! Ich nehme die Dinger schon seit über einem Jahr und es geht mir prächtig.«

Natascha dachte angestrengt nach. Auf ihrer Stirn bildeten sich Falten und ihre Mundwinkel zuckten. Doch schließlich gab sie sich einen Ruck, drehte ihre Handfläche nach unten und ließ die weißen Kügelchen auf die Tischplatte kullern.

»Danke«, sagte sie, »aber ich versuche es lieber ohne.« Grußlos stand sie auf und ging davon.

»He, Natascha!«, rief Jana ihr hinterher. »Ihr verratet mich doch nicht, oder?«

Natascha drehte sich um und schüttelte den Kopf. »Das musst du mit dir allein ausmachen!«, rief sie und folgte Vanessa und Kim, die vor einem Schaufenster in der Fußgängerzone standen und auf sie warteten.

»Die hat doch einen Knall«, empörte sich Kim.

»Jetzt weiß ich auch, warum die manchmal so aufgedreht ist«, meinte Vanessa.

»Ich habe ihr versprochen, dass wir sie nicht verraten«, sagte Natascha.

»Von mir aus. Die ist sowieso für mich gestorben.« Vanessa hakte sich bei Natascha und Kim ein. Zu dritt machten sie sich auf den Heimweg.

Acht

Der Sommer schien zu ahnen, dass auf dem Gelände des Sportinternats Löwenstein ein Fest zu seinen Ehren gefeiert wurde. Zumindest gab er sich noch einmal richtig Mühe. Er ließ die Sonne den ganzen Tag lang vom fast wolkenlosen Himmel scheinen und zauberte angenehm warme Temperaturen. Selbst der samtene Wind, der sich ab und zu regte und den nahenden Herbst ankündigte, war gut zu ertragen.
Sportreporter im Radio oder Fernsehen hätten das schöne Wetter wahrscheinlich als »gute äußere Bedingungen« bezeichnet und das Gelände am See mit »optimalen Platzverhältnissen« umschrieben. Zum Glück waren aber keine Reporter anwesend. Sie hätten die gelöste Stimmung, die schon seit dem Mittag herrschte, mit ihren Kameras, Mikrofonen und nervtötenden Fragen nur gestört.
Die Sportler vom dritten Stock waren noch unter sich. Sie wuselten aufgeregt hin und her, tanzten schon zu der Musik, die bereits seit Stunden aus den Lautsprechern rieselte, oder waren noch mit den letzten Vorbereitungen beschäftigt. Um 15 Uhr sollten die Gäste erscheinen, eine halbe Stunde vor dem Anpfiff zum ersten Höhepunkt des Tages.

Pitt hatte eine schlagkräftige Mannschaft zusammengestellt, aber auch Herr Schneider war nicht untätig gewesen. Acht Männer und fünf Frauen, die alle im Internat oder im Sportgymnasium arbeiteten, standen vor den Umkleideräumen und warteten auf Pitt, der gerade mit seinem Team und den Schlüsseln anrückte.

»Wer zieht sich jetzt wo um?«, fragte Natascha keck und blinzelte Frau Runge an, nachdem Pitt beide Räume aufgeschlossen hatte. »Die Mädchen und Frauen in einem und die Jungs und die Männer in dem anderen Raum?«

»Lach nicht so frech!«, antwortete die Internatsleiterin mit gespielter Empörung. »Natürlich bleiben die Mannschaften zusammen. – Und Sie, Herr Becker, sagen jetzt kein einziges Wort!«, fuhr sie den Hausmeister der Schule an, der als Torwart beim Senioren-Dream-Team mitmischen wollte und süffisant vor sich hin grinste.

»Was hat sie denn?«, fragte Patrick leise.

»Ach, die ist genervt«, erklärte Ronny. »Herr Becker hat den ganzen Tag überall rumerzählt, dass er nur deshalb mitmacht, weil er nach dem Spiel hautnah dabei sein möchte, wenn die Mannschaften das Trikot tauschen, damit er einmal Frau Runge oben ohne sehen kann.«

»Echt? Nach dem Spiel werden die Trikots getauscht?«, fragte Patrick.

»Nein, du Holzkopf, natürlich nicht«, kanzelte Ramona ihn ab. »Das hätte der Typ nur gern.«

»Wenn der so schlecht hält, wie er doof ist, dann gewinnen wir 20:0«, meinte Jenny, die wie Ramona, Natascha und noch zwei andere Mädchen von Pitt zum Mitspielen überredet worden war.

»Also los, ziehen wir uns um«, sagte Herr Schneider und führte sein Team in den Umkleideraum.

»Hoffentlich kommt Fabian rechtzeitig«, raunte Patrick mit einem Blick auf seine Uhr.

Ronny zuckte mit den Schultern. »Ja, ich weiß nicht. Ich habe ihm zumindest eine Nachricht auf dem Anrufbeantworter hinterlassen.«

»Du hast was?!«, fragte Patrick entsetzt.

»Er war nicht zu Hause«, erklärte Ronny. »Wieso, was ist denn daran falsch, auf einen Anrufbeantworter zu sprechen?«

»Und wenn Fabian das Ding nicht als Erster abhört, sondern sein Vater oder seine Mutter?! – Was hast du denn draufgesprochen?«

»Nicht viel. Nur, dass seine Liebste heute mit uns Fußball spielt und er sich beeilen soll, wenn er das sehen will.«

»Seine was?«

»Seine Liebs. . . – ach du Scheiße!« Ronny begriff erst jetzt, was er angerichtet hatte. Er schlug die Hände vors Gesicht. Am liebsten wäre er allerdings mit Haut und Haaren im Erdboden versunken.

Doch dann musste er lachen. Er zuckte mit den Schultern und blinzelte Patrick zu. »Tja, dumm gelaufen«, kicherte er.

»Mann, Mann, Mann«, stöhnte Patrick, »du bist vielleicht ein Trottel!« Kopfschüttelnd gab er Ronny einen Schubs in Richtung Umkleideraum.

Fünf Minuten vor dem Anpfiff versammelten sich beide Mannschaften im Strafraum vor einem der beiden Tore, umringt von den übrigen Bewohnern des Internats, ihren mittlerweile zahlreich eingetroffenen Gästen und einigen Lehrern, die sich das vermeintliche Gebolze ihrer Kollegen nicht entgehen lassen wollten.
Ronny blickte sich suchend um. Mittendrin im Pulk entdeckte er Fabian, der die Augen rollte und ihm einen Vogel zeigte. Wieder blieb Ronny nichts anderes übrig, als mit den Schultern zu zucken und eine entschuldigende Geste zu machen. Fabian lachte. Offenbar hatte er tatsächlich das Band als Erster abgehört und Ronnys verfängliche Bemerkung noch rechtzeitig löschen können. Ronny atmete erleichtert auf.
Frau Runge verschaffte sich Platz und bat um Gehör. Sie machte keine schlechte Figur in dem Auswärtstrikot der Ligamannschaft des SV Löwenstein, was der Hausmeister mit anzüglichen Pfiffen quittierte. Aber auch einige der Lehrer riskierten mehr als einen Blick.
»Wenn sich die Herren wieder abgeregt haben«, begann Frau Runge und warf dem Hausmeister einen wütenden Blick zu, »eröffne ich jetzt unser Sommerabschiedsfest, das wir Ronny zu verdanken haben. Der hatte nämlich die grandiose Idee!«
Alle klatschten und Ronny verwandelte sich innerhalb weniger Sekunden in einen Puter.
»Wir beginnen das Fest mit einem Fußballspiel Jung gegen... nicht mehr ganz so jung«, fuhr die Internatsleiterin fort, »zu dem ich auch unsere Gäste herzlich begrü-

ßen möchte. Nach dem Spiel treffen wir uns dann unten am See, wo um 16 Uhr 30 die Party richtig losgehen wird. Ich wünsche uns allen viel Spaß – hoffentlich wisst ihr, wen ihr anfeuern müsst!«

Wieder klatschten alle Beifall, während Frau Runge den Schiedsrichter der Partie auf den Platz winkte.

Ronny staunte. Es war niemand anderes als Herr Hanssen, der Talentsucher, der ihn bei seinem Heimatverein entdeckt hatte.

Ronny tickte Patrick an und deutete auf Herrn Hanssen. »Dem Mann dort habe ich zu verdanken, dass ich hier im Sportinternat gelandet bin.«

»Du auch?«, fragte Patrick überrascht.

»Hallo, Jungs!« Der Talentsucher begrüßte sie. »Wie läuft es beim SV Löwenstein?«

»Super«, strahlte Patrick. »Ich bin seit einem Jahr Stammspieler.«

»Ich weiß, ich stehe ständig in Kontakt mit Herrn Reimann.« Der Mann klopfte Ronny auf die Schulter. »Hab Geduld, Junge. Ich bin sicher, dass du dich auch noch durchsetzen wirst. Vielleicht nicht unbedingt als Spielmacher, aber . . .«

»Haben Sie mit dem Trainer über mich gesprochen?«, fragte Ronny aufgeregt. »Hat er etwas gesagt? Spiele ich nächste Woche endlich mit?!«

»Geduld, Junge. Du wirst es bald erfahren.« Mit diesen Worten lief Herr Hanssen in die Platzmitte, begrüßte Herrn Schneider und Pitt, die beiden Mannschaftsführer, und pfiff wenige Sekunden später das Spiel an.

Es wurde eine ungleiche Begegnung. Die Spieler des Senioren-Dream-Teams waren zwar kräftiger gebaut und konnten sich in den Zweikämpfen besser durchsetzen, doch sie hatten trotzdem keine Chance gegen Pitts Mannschaft, die spielte, als ginge es um die Weltmeisterschaft. Ronny wirbelte im Mittelfeld und schlug tolle Pässe,

Patrick sicherte souverän die Abwehr. Und wenn doch mal ein Schuss auf das Tor kam, war Pitt zur Stelle.

Bereits nach wenigen Minuten fiel das 1:0 für Pitts Mannschaft. Ronny hatte den Ball. Er dribbelte durch das Mittelfeld, ließ der Reihe nach Herrn Schneider, Frau Runge und Frau Dombrowski wie Fahnenstangen stehen, drang in den Strafraum ein, sah, dass der Hausmeister wie ein Berserker aus seinem Kasten stürzte, und spielte rechtzeitig ab zu Natascha, die noch nie zuvor Fußball gespielt hatte und mit ihrem allerersten Schuss gleich ein Tor erzielte.

Die Torschützin wurde begeistert gefeiert, umarmt, gedrückt und sogar geküsst, was bei Fabian, wie Ronny mit einem Seitenblick feststellte, einen mittelschweren Eifersuchtsanfall auslöste.

Natascha bekam davon natürlich nichts mit. Sie konnte ja nicht ahnen, dass der Junge, der ihr Tor so begeistert beklatschte, nur ihretwegen gekommen war.

»Klasse, Natascha. Tolles Tor!«, sagte Ronny strahlend, obwohl der Treffer eigentlich zum größten Teil sein Verdienst war.

»Was ist denn mit der passiert?«, fragte Jenny, als sie neben Ronny zurück in die eigene Hälfte lief. »Die ist ja wie ausgewechselt.«

»Stimmt«, bestätigte Ronny. »Patrick und ich waren auch ganz überrascht, als Pitt vorgestern erzählte, dass sie mitspielen will.«

»Neue Klamotten hat sie sich auch gekauft«, erzählte Jenny. »Extra für heute.«

»Da bin ich ja mal gespannt«, meinte Ronny und warf noch einen schnellen Blick auf Natascha, bevor er sich auf den Anstoß des Senioren-Dream-Teams konzentrierte. »Hauptsache, sie bleibt weiter so locker.«

»He, Vorsicht!«, rief Jenny und beeilte sich auf ihre Position im linken Mittelfeld zu kommen.

Doch die Eile war unnötig. Pitts Mannschaft fing den gegnerischen Angriff gleich nach dem Anstoß ab. Je länger das Spiel dauerte, desto drückender wurde die Überlegenheit. Zur Halbzeit stand es bereits 3:0.

Auch in der zweiten Halbzeit lief das Spiel nur auf ein Tor. Ronny zauberte nicht nur im Mittelfeld, er erzielte sogar selbst drei Tore. Nur das 6:0 durch Patrick, den es nicht mehr in der Abwehr hielt, verhinderte einen lupenreinen Hattrick.

Kurz vor dem Ende der Partie startete das Senioren-Dream-Team einen letzten verzweifelten Angriff.

Die Verteidigung war offensichtlich vor lauter Nichtbeschäftigung sanft entschlummert. Prompt erzielte Herr Schneider, der noch der Beste in seiner Mannschaft war, nach einem schönen Zuspiel von Frau Runge unter den begeisterten Anfeuerungsrufen der Zuschauer den Ehrentreffer zum 7:1. Wenig später pfiff Herr Hanssen die Begegnung ab.

Jubelnd rissen alle Spieler und Spielerinnen die Arme hoch. Die jungen, weil sie gewonnen hatten, und das Senioren-Dream-Team, weil das Spiel endlich überstanden war.

Als sie alle gemeinsam eine halbe Stunde später ohne nennenswerte Zwischenfälle frisch geduscht die Umkleideräume verließen, war das Fest am See bereits in vollem Gange. Heiße, stampfende Rhythmen dröhnten aus den Boxen, am Strand wurden verschiedene Spiele gespielt, einige badeten im See, die Holzkohle im Grill glühte und überall herrschte eine ausgelassene Stimmung.

Ronny wurde bereits von Fabian erwartet.

»Mann, du Hirni!«, begrüßte er ihn. »Was sollte denn der Blödsinn?! Wenn meine Mutter das gehört hätte!«

»Cool bleiben«, meinte Ronny. »Wenn du erst mit Natascha zusammen bist, wird sie es doch sowieso erfahren.«

»Stimmt«, lenkte Fabian ein. Suchend sah er sich um. »Wo ist sie denn?«

»Wer – deine Mutter?«, fragte Patrick kichernd.

»Noch so ein Volldepp!«, stöhnte Fabian. »Nein, Natascha natürlich.«

»Keine Ahnung«, sagte Patrick. »Und wenn ich ehrlich bin, interessiert es mich im Moment auch nicht so besonders. Ich habe Hunger.«

Er deutete zum Grill, auf dem verführerisch duftende Würstchen brutzelten und das Fett von saftigen Steaks zischend in die Glut tropfte. »Kommst du mit?«, fragte er Ronny.

»Klar! Oder glaubst du, ich lasse dich das alles alleine futtern?«

»He, und was ist mit mir?«, fragte Fabian empört.

»Du kannst auch mitkommen. Es ist genug für alle da.«

»Das meine ich doch nicht«, sagte Fabian verärgert, weil Ronny und Patrick einfach losgegangen waren und er ihnen wie ein kleiner dummer Junge hinterherdackeln musste. »Ich meine die Sache mit Natascha!«

»Was soll damit sein?«, fragte Ronny.

»Na, wann machst du was?«, wollte Fabian wissen. »Ich meine – wann passiert etwas?«

»Ich verstehe nicht, was du meinst«, sagte Ronny. Er deutete mit einer weit ausholenden Armbewegung über den ganzen Strand. »Sieh dich doch um. Reicht dir das nicht? Das alles haben wir im Grunde genommen nur deinetwegen inszeniert. Damit du mit Natascha zusammenkommst.«

»Ja, toll.« Fabian nickte. »Aber wann genau machst du das?«

»Wie?« Ronny sah Fabian mit großen Augen an an und verstand überhaupt nicht, was der von ihm wollte. »Was soll ich denn noch machen? Reicht dir die Party nicht?«

»He, Fabian, entspann dich«, mischte Patrick sich ein. »Ein bisschen musst du schon noch selbst machen. Aber das Fest hat ja gerade erst begonnen, du hast noch massenhaft Zeit. Also wart's ab, iss 'ne Wurst und halt den Mund.«

»Aber . . .«, wollte Fabian protestieren, doch seine Worte erstickten in der Schinkenwurst, die Patrick ihm einfach in den Mund geschoben hatte.

»Entschuldige, aber wir haben noch etwas anderes vor«,

sagte Patrick, ließ sich noch drei Würste geben, die er Ronny in die Hand drückte, packte ihn am Arm und führte ihn quer über den Strand zu den Ruderbooten, wo er Jenny und Ramona entdeckt hatte.

»Warum bist du denn so aggressiv zu Fabian?«, fragte Ronny.

»Weil er mir langsam auf den Keks geht«, antwortete Patrick. »Der spinnt doch. Wie kommt der auf den Gedanken, dass du für ihn Natascha anbaggerst?!«

»Wie – will er das?«, fragte Ronny erstaunt.

»Hast du das etwa echt nicht mitgekriegt?« Patrick sah seinen Freund mit verzweifelter Miene an. »Manchmal bist du auch nicht von dieser Welt, was?«

Ronny biss von der Wurst ab. »Nö«, sagte er und schmatzte genüsslich, »aber das ist manchmal auch ganz gut so.«

Der Nachmittag verging wie im Flug. Die Sonne wanderte immer tiefer, doch die Wärme des Tages hielt sich noch. Als es schummrig wurde, holten Ronny und Patrick die Fackeln, die sie im Klubraum deponiert hatten, steckten sie in den sandigen Boden und zündeten sie an.

»Aaah!«, machte ein vielstimmiger Jungs-Chor. Mädchen waren kaum zu hören. Die meisten hatten sich in ihre Zimmer zurückgezogen, um sich für die Disko aufzubrezeln.
Fabian pirschte sich an Ronny und Patrick heran. »Ich habe jetzt lange genug den Mund gehalten«, meinte er. »Los, jetzt sagt schon, wie geht es weiter?«
»Hör mal, Fabian . . .«, setzte Ronny zu einer Erklärung an, doch Patrick unterbrach ihn.
»Kannst du tanzen?«, fragte er und zog Fabian, ohne eine Antwort abzuwarten, auf die sandige Tanzfläche, die durch die Fackeln vom restlichen Strand abgegrenzt war.

Es dauerte nur ein paar Takte, bis andere ihrem Beispiel folgten. Als die ersten Mädchen aus ihren Zimmern zurück zum Strand kamen, war die Tanzfläche schon gut gefüllt. Jenny und Ramona stürzten begeistert auf ihre Freunde zu.

»Da ist Natascha!« Patrick stupste Fabian an und deutete zur Seite. »Na los, geh hin und tanz mit ihr. Aber pass auf, dass du ihr nicht auf die Füße trittst!«

Fabian tanzte wie eine Kreuzung zwischen einem Nashorn und einem Känguru. Er hüpfte ständig mit dem Oberkörper auf und ab und stampfte dazu völlig gegen den Rhythmus mit den Füßen auf den Boden. Es sah einfach bescheuert aus.

»Mann, wenn der so tanzt, kriegt der Natascha doch nie!«, stöhnte Ronny.

»Wollt ihr den etwa mit Natascha verkuppeln?«, fragte Jenny und wollte sich ausschütten vor Lachen.

»Wieso denn nicht?«, wollte Ronny wissen.

»Au!«, schrie in dem Moment ein Mädchen hinter ihm. Ohne sich umzudrehen, wusste Ronny, was passiert war.

»Fabian?«, fragte er.

Patrick nickte. »Voll auf ihren linken Fuß!«

»Verzieh dich, du Blödmann!«, schrie Natascha.

Einen Augenblick später tauchte Fabian wieder bei Ronny, Patrick, Jenny und Ramona auf.

»Ich glaube, sie mag mich. Sie hat sogar mit mir geredet«, sagte er und zog sich zurück, um sich vom Tanzen auszuruhen.

»So ein Blödmann«, ächzte Ramona. »Auf den fährt Natascha nie im Leben ab!«
»Jetzt bestimmt nicht mehr«, lachte Jenny. »Er kommt zu spät. Viel zu spät!«
»Wieso meinst du das?«, fragte Ronny.
»Sieh doch selbst«, sagte Patrick. Er hatte aufgehört zu tanzen und deutete mit einer Kopfbewegung auf etwas, das sich offenbar hinter Ronnys Rücken abspielte.
Ronny drehte sich um. Vor ihm standen Natascha und Pitt in enger Umarmung und küssten sich. Mitten auf der Tanzfläche.
»Scheiße«, murmelte Ronny.
»Wieso denn scheiße?«, fragte Jenny. »Ich finde das klasse. Du hast doch heute selbst bemerkt, wie gut Natascha drauf ist.«
»Ronny hatte mit Fabian eine Abmachung«, erklärte Patrick. »Wenn er ihn und Natascha zusammenbringt, setzt Fabian sich bei Herrn Reimann dafür ein, dass Ronny aufgestellt wird.«
»Ach so. Das ist ja echt scheiße«, sagte Jenny und nahm Ronny in den Arm, um ihn zu trösten.
»Entschuldigung, darf ich mal kurz stören?«, fragte plötzlich eine Stimme.
Ronny blickte hoch. »Herr Hanssen?! Sie sind noch da?«
»Ja. Eure Party hat mir ausgezeichnet gefallen. Frau Runge hat mir erzählt, dass ihr beide das Fest organisiert habt. Das habt ihr prima gemacht. Aber jetzt muss ich los. Allerdings nicht, ohne mich vorher von euch

beiden zu verabschieden.« Er reichte Patrick und Ronny und auch den beiden Mädchen die Hand.

»Übrigens«, sagte Herr Hanssen, der schon im Begriff war zu gehen und sich noch einmal zu Ronny umdrehte, »ich habe vorhin noch lange mit deinem Trainer gesprochen.«

»Herr Reimann war hier?«, fragte Ronny erstaunt.

»Sicher«, antwortete der Talentsucher, »er wollte sehen, ob du unverletzt bleibst. Schließlich wartet nächste Woche eine wichtige Aufgabe auf dich.«

»Eine wichtige Aufgabe?«, wiederholte Ronny verständnislos.

»Mann, kapierst du nicht?! Du spielst nächste Woche!«, schrie Patrick.

»Echt?« Ronny starrte Herrn Hanssen fragend an.

Der zwinkerte ihm zu. »Ich habe mich in dir getäuscht. Du bist kein Spielmacher. Das Spiel heute war zwar kein echter Maßstab, aber es hat bestätigt, was Herr Reimann schon länger vermutet hat: In dir steckt ein Vollblutstürmer.«

»Ich und ein Stürmer?«, wunderte sich Ronny.

Herr Hanssen nickte. »Du hast den richtigen Torriecher. Viel Erfolg nächste Woche«, wünschte er und machte sich endgültig auf den Heimweg.

»Wow!« Ronny ballte die Fäuste und riss vor Begeisterung die Arme hoch. Im Moment war es ihm vollkommen egal, ob er als Spielmacher oder als Stürmer aufgestellt wurde. Er hätte sich auch als Torwart zwischen die Pfosten gestellt. Hauptsache, er durfte endlich spielen und zeigen, was in ihm steckte.

»Super, Ronny!«, lachte Jenny.
»Ja, super!«, schrie er, packte sie und tanzte mit ihr quer über die ganze Tanzfläche. Beinahe wären sie gegen Natascha und Pitt geprallt, die sich schon wieder küssten. Oder noch immer!

Neun

Der Trainer hielt, was Herr Hanssen versprochen hatte: Ronny stand beim nächsten Heimspiel zum ersten Mal in der Anfangsformation des SV Löwenstein.

»Wie hast du denn das gemacht?«, fragte Mats mit einem neidischen Unterton in der Stimme. »Hast du herausgefunden, wie man sich bei ihm beliebt macht? Dann verrate es mir, bitte.«

Ronny lachte und klopfte ihm auf die Schultern. »Ich glaube, am einfachsten ist es, wenn du gut trainierst und regelmäßig Leistung bringst.«

»Angeber«, murmelte Mats und machte sich auf die Suche nach einem neuen Verbündeten auf der Bank, dem er sein Leid als ständiger Ersatzspieler klagen konnte.

Ronnys Aufstellung wurde von den anderen Stammspielern herzlich begrüßt. Die ersten beiden Spiele der Saison hatten sie zwar gewonnen und lagen mit sechs Punkten und 7:2 Toren an zweiter Stelle der Tabelle, doch zu den sieben Treffern hatten die etatmäßigen Stürmer kein einziges beigetragen. Es wurde Zeit, dass frischer Wind in die Sturmreihe gebracht wurde. Nur die ersten beiden Mannschaften stiegen am Ende der

Saison mit Sicherheit in die Leistungsklasse auf, während der Drittplatzierte noch in die Relegation musste. Um die Aufstiegsplätze stritten sich in diesem Jahr aber mindestens fünf Vereine, hatte der Trainer prophezeit. Ein gutes Torverhältnis konnte am Ende den Ausschlag geben.

Nur einer seiner Mitspieler gönnte ihm den Erfolg nicht. Ronny und Patrick hatten vor dem Anpfiff versucht mit Fabian zu reden und ihm zu erklären, dass Ronny wirklich nichts dafür konnte, dass es mit Natascha nicht geklappt hatte. Doch Fabian hatte Ronny nur wortlos angestarrt und überhaupt nicht zugehört. Gut, dass seine Blicke nicht wirklich tödlich waren.

Putzmunter und hoch motiviert nahm Ronny an der rechten Außenlinie Aufstellung, nachdem der Prinz als Mannschaftskapitän die Seitenwahl gewonnen hatte.

Der Schiedsrichter pfiff das Spiel an.

Endlich, dachte Ronny und ein kribbeliges Glücksgefühl durchströmte ihn, als alle Bewohner des Sportinternats, die zum Zuschauen gekommen waren, die Mannschaft mit einem Heidenlärm anfeuerten.

Die ersten Spielminuten liefen jedoch an Ronny vorbei. Gleich zu Beginn des Spiels war er zwei Mal an seinem Gegenspieler hängen geblieben, wobei der bullige Außenverteidiger ihn beide Male ziemlich unfair bedrängt hatte. Doch der Schiedsrichter hatte nicht gepfiffen.

In dieser Klasse wird mit anderen Bandagen gekämpft, hatte Ronny festgestellt und musste beobachten, wie sich das Spiel seiner Mannschaft auf die linke Angriffsseite verlagerte.

Die trauen mir nichts zu, dachte er. Na wartet, euch werde ich's zeigen!

Unbeachtet von seinem Gegenspieler, der offensichtlich glaubte Ronny mit den ersten Attacken bereits den Schneid abgekauft zu haben und von Mann- auf Raumdeckung umgestellt hatte, ließ er sich etwas weiter zurück und in die Mitte des Spielfeldes fallen. Dadurch war er plötzlich wieder mittendrin im Spiel.

Patrick wehrte einen Angriff des Gegners ab, brachte den Ball noch vor der Seitenauslinie unter Kontrolle und spielte ab auf Ronny. Der ließ einen Gegner ins Leere rutschen, dribbelte zehn, fünfzehn Meter und kickte den Ball mit dem Absatz zurück zum Prinzen, der mitgelaufen war. Durch diesen einfachen, aber wirkungsvollen Trick hatte er die gesamte gegnerische Abwehr, die mit einem Steilpass auf den Linksaußen gerechnet hatte, für einen Augenblick durcheinander gebracht. Ronny nutzte die Gelegenheit, stürmte nach vorn und drang in den Strafraum ein. Genau im richtigen Moment flankte der Prinz. Ronny nahm den Ball mit dem Innenrist an, schlug einen Haken, umspielte einen Verteidiger und zog aus zehn Metern knallhart ab. Unhaltbar rauschte der Ball rechts unten in die Maschen.

Alle Mitspieler kamen auf ihn zugerannt und begruben Ronny unter sich. Selbst Sepp verließ seinen Kasten und sogar Fabian gratulierte dem Torschützen.

Fußballspiele sind manchmal sehr merkwürdig. Obwohl das 1:0 bereits in der zwölften Minute gefallen war und die gegnerische Mannschaft noch viel Zeit hatte den Ausgleich zu erzielen, leistete sie keine Gegenwehr mehr. Das frühe Gegentor hatte ihr das Genick gebrochen. Fast zwangsläufig fielen die Tore wie reife Früchte und am Ende gewannen die Löwen verdient mit 8:0, wobei Ronny mit seinen vier Treffern den Gegner fast allein abschoss.

»So einfach wird das in Zukunft nicht mehr werden«, meinte der Trainer zu Ronny, als die Mannschaft jubelnd den Platz verließ. »Ab sofort kennen alle deinen Namen und werden einen Sonderbewacher für dich abstellen.«

»Ach, und wennschon«, sagte Ronny vor Selbstbewusstsein strotzend.

»Super«, lachte Herr Reimann, »genauso will ich euch hören! – So, und jetzt beeilt euch mit dem Umziehen, zumindest die, die im Internat wohnen. Frau Runge wartet in ihrem Wagen auf dem Parkplatz auf euch.«

Ronny und Patrick waren die beiden Einzigen, die sich angesprochen fühlten. Sie sprangen im Eiltempo unter die Dusche, trockneten sich nur flüchtig ab und stiegen noch feucht in ihre Klamotten. Nicht einmal zehn Minuten hatten sie benötigt. Doch einer war noch schneller gewesen.

Fabian wartete vor den Umkleideräumen auf sie. Er hatte nur einen Trainingsanzug über sein Trikot gezogen. Auf seiner Stirn war noch der schmutzige Abdruck von einem Kopfball zu sehen.

Geknickt starrte er zu Boden. »Kann ich mitkommen?«, fragte er leise.

Ronny und Patrick sahen sich an.

»Warum?«, fragte Patrick. »Willst du etwa Ärger machen? Du weißt, dass Pitt auch da ist.«

»Ja . . . nein . . .«, stammelte Fabian. »Ich meine – ja, ich weiß, dass Pitt auch da sein wird. Und nein, ich will keinen Ärger machen. Es ist doch nur, weil . . . ich mag sie halt immer noch.«

»Schon okay«, meinte Ronny. »Jenny und Ramona warten zwar schon am Wagen, aber ich schätze, Frau Runge wird nichts dagegen haben. So weit ist es ja auch nicht.«

»Immerhin ungefähr eine Stunde Fahrt«, mahnte Patrick. Doch dann winkte er ab. »Ach, was soll's. Komm erst einmal mit. Frau Runge soll entscheiden, schließlich ist es ihr Auto.«

»Danke«, sagte Fabian. »Ich finde es stark, dass ihr alle zu dem Leichtathletik-Meeting fahrt und Natascha anfeuern wollt.«

»Das war Frau Runges Idee«, erzählte Ronny, während die drei über den Sportplatz zum Parkplatz liefen.

»Übrigens fahren wir nicht nur wegen Natascha dorthin. Vanessa muss sich auch noch für die deutschen Meisterschaften qualifizieren und ein paar andere aus dem Internat sind auch noch am Start.«

»Trotzdem – starke Sache«, beharrte Fabian. »Wo sind eigentlich die anderen?«

»Die sind gleich nach dem Abpfiff mit dem Bus losgefahren«, erklärte Patrick. Er entdeckte Frau Runges Wagen und sah sich kurz suchend um. »Und unsere Freundinnen offensichtlich auch.«

Patrick öffnete die Beifahrertür. »Wo sind denn Ramona und Jenny?«, fragte er.

»Die sind im Bus mitgefahren«, bestätigte Frau Runge. »Los, steigt ein, die Zeit wird knapp.«

»Darf Fabian mitkommen?«, fragte Ronny.

»Ja, klar«, sagte Frau Runge. »Aber beeilt euch ein bisschen.«

Die drei Fußballspieler stiegen in den Wagen. Kaum hatte Ronny die Tür zugeklappt, fuhr Frau Runge auch schon los.

Eine Dreiviertelstunde später stiegen sie auf dem Parkplatz vor einem modernen Leichtathletikstadion wieder aus. Das Jugendsportfest war gut besucht. Trotzdem entdeckten Frau Runge und die drei Jungs die anderen sofort. Alle trugen das Trikot des SV Löwenstein und saßen versammelt auf der kleinen Tribüne.

Ronny und Patrick eilten zu ihren Freundinnen, die zwei Plätze für sie freigehalten hatten, während sich Frau Runge neben Frau Dombrowski und ihre anderen Kolleginnen setzte. Nur für Fabian war kein Platz reserviert worden. Es hatte ja niemand gewusst, dass er mitkam.

»Macht nichts«, meinte er, »ich gehöre ja sowieso nicht zum Sportinternat.«

»Das ist doch Quatsch«, meinte Ronny. Er rutschte noch dichter an Jenny heran. »Komm, setz dich.«

Fabian sah ihn schräg an. »Sind wir wieder Freunde?«, fragte er.

»Von mir aus gern«, meinte Ronny. »Aber jetzt setz dich endlich hin, der 100-Meter-Lauf fängt gleich an!«

Tatsächlich, die Sprinterinnen machten sich bereit.

»Da ist Natascha!«, rief Pitt. Er legte die Hände wie einen Trichter vor den Mund und rief rhythmisch ihren Namen: »Na-ta-scha, Na-ta-scha . . .!«

Die anderen fielen sofort ein und veranstalteten ein ebenso lautes Spektakel wie Stunden zuvor auf dem Fußballplatz.

Natascha blickte überrascht zur Tribüne. Sie hatte nichts von Frau Runges Vorschlag gewusst und war auch nicht beim Fußball dabei gewesen, weil sie schon früh am Morgen mit ihrem Trainer und den anderen Athleten aus ihrer Staffel hierher gefahren war.

Es war eine gelungene Überraschung. Erfreut winkte Natascha zur Tribüne, als sie mitten im Pulk der Löwen Pitt entdeckte. Ihren Pitt!

Neun Tage war sie jetzt bereits mit ihm zusammen, neun wundervolle Tage, und mit jedem weiteren Tag wurde es noch schöner. Pitt hatte sie an dem Abend vor dem Internat abgepasst, als sie mit Kim und Vanessa vom Einkaufen aus der City zurückgekommen war. Er müsste ganz dringend mit ihr reden, hatte er gesagt. Zuerst hatte Natascha keine Lust gehabt und wollte ihn abwimmeln oder auf später vertrösten. Doch Pitt war hartnäckig geblieben. Es sei wirklich total wichtig, hatte er gesagt, sie schließlich am Arm gepackt und einfach in Richtung See geführt. Diese Berührung am Arm war Natascha durch und durch gegangen. Über eine Stunde waren sie spazieren gegangen, zwei Mal rund um den See. Pitt hatte die ganze Zeit geredet. Sie hatte fast nichts verstanden, sondern lauschte nur seiner Stimme, die sie schon seit über einem Jahr kannte und die plötzlich wunderschön klang. Nur eines hatte sie sofort begriffen: Pitt war in sie verliebt!

Auch in ihr tobten Gefühle, die sie vorher nicht gekannt hatte. Sie hatte sich dagegen gewehrt, ließ ihn abblitzen mit seinen unbeholfenen Komplimenten. Doch als sie schließlich auf der gegenüberliegenden Seite des Sees standen und den Sonnenuntergang anschauten, war es um sie geschehen. Sie konnte nichts mehr dagegen tun. Also hatte sie ihn am Kragen gepackt, zu sich herangezogen und einfach geküsst. Lange. Und immer wieder.

Seitdem waren sie zusammen. Pitt war wundervoll. Er konnte zuhören und erzählte selbst gern. Und nicht nur über Fußball! Natascha war glücklich und fühlte sich so wohl wie noch nie in ihrem Leben.

Vanessa und Kim hatten schon am nächsten Tag Verdacht geschöpft, allerdings einen ganz anderen. Verwundert darüber, dass sie plötzlich so gut drauf war, hatten sie sie zur Rede gestellt und gerade heraus gefragt, ob sie die weißen Kügelchen von Jana nehmen würde. Natascha hatte gelacht und den beiden berichtet, was passiert war. Bis ins kleinste Detail. Vanessa und Kim waren überrascht – und begeistert.

Die Starterinnen für das Finale über 100 Meter der Mädchen wurden aufgerufen. Die Vorläufe hatte Natascha wie immer souverän gewonnen. Doch jetzt kam der entscheidende Augenblick: das Finale. Natscha fühlte, wie sie sich verkrampfte. Die Angst davor, wieder zu verlieren, erwachte und machte sich in ihr breit.

»He, Natascha!«, schrie Pitt in dem Moment. »Du schaffst es!«

Ein Lächeln huschte über Nataschas Gesicht. Pitt war da! Und alle anderen aus dem Sportinternat. Sie sind gekommen, um mich laufen zu sehen, dachte sie und spürte ein Glücksgefühl. Plötzlich war es nicht mehr so wichtig, ob sie wirklich gewann. Hauptsache, Pitt und die anderen schauten zu. Verwundert stellte sie fest, dass genau in dem Moment die Angst kleiner wurde und das Selbstbewusstsein wuchs.

Natascha betrat die Aschenbahn. Sie überprüfte ihren Startblock und wartete auf das Zeichen des Starters.

»Auf die Plätze . . .«

Sie hockte sich vor den Startblock, legte locker die Füße auf die Stemmflächen, starrte auf die Bahn vor sich und schaltete ab. Nichts drang mehr an sie heran. Automatisch, fast wie in Trance vollführte sie den tausendmal trainierten Bewegungsablauf. Und alles klappte.

». . . fertig . . .«

Natascha stemmte sich in den Block. Sie stand sicher, hob das Becken und war gespannt bis in die Haarspitzen.

Der Startschuss fiel. Natascha katapultierte sich aus dem Block. Mit kurzen, kräftigen Schritten erreichte sie ihr Höchsttempo, richtete den Körper auf und zog durch. Links und rechts von ihr war nichts von den Gegnerinnen zu sehen. Wenige Meter vor dem Ziel hatte Natascha bereits die Gewissheit, dass sie heute von niemandem mehr geschlagen werden konnte. Mit hochgerissenen Armen überquerte sie die Ziellinie, unter dem Applaus der begeisterten Zuschauer.

Vanessa, die gespannt neben dem Zeitnehmer gestanden und zugesehen hatte, spurtete auf sie zu, nahm sie in die Arme und führte mit ihr einen Siegestanz auf.

»Eine super Zeit!«, schrie sie ihr ins Ohr.

Der Trainer kam angeflogen. »Mensch, Mädel«, stöhnte er überglücklich und war den Tränen nahe. »Das war ein traumhafter Start. Ich hab doch gewusst, dass du das kannst. Siehst du, das viele Training hat sich doch bezahlt gemacht.«

»Nicht nur das Training«, sagte Natascha und schob ihren Trainer beiseite.

Pitt war von der Tribüne gestiegen und hatte sich einen Weg zum Zielraum gebahnt. Natascha lief ihm entgegen, ließ sich in seine Arme fallen und spürte seine Lippen auf ihrer Wange.

Hinter den beiden drängelten Ronny, Patrick, Jenny, Ramona, Frau Runge und alle anderen ebenfalls vorwärts, um ihrer Heldin zu gratulieren.

Kim stellte sich neben Vanessa und betrachtete Natascha und Pitt. »Verliebt zu sein ist offenbar tausendmal wirksamer als Doping«, stellte sie fest.

»Ja, verliebt müsste man sein . . .«, seufzte Vanessa und ging, um sich auf den Kugelstoß-Wettbewerb vorzubereiten, der in wenigen Minuten beginnen sollte.

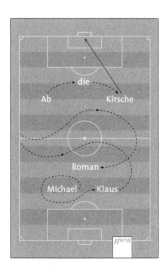

Michael Klaus

Ab die Kirsche!

Nicht nur, dass Max wegen seiner Eltern, alle völlig fußballverrückt sind und der einzige Lichtblick – die schöne Martha – für ihn unerreichbar bleibt. Nein, nicht genug: jetzt ist er auch noch von dem Spitzenspieler des Schalker Clubs Joaquim Maria Machado de Assis, genannt Dandolo, beim Klauen erwischt worden. Max steckt knöcheltief in der Scheiße! Kaum zu glauben, dass der Brasilianer so bescheuert ist, ihm diesen merkwürdigen Deal vorzuschlagen: Max soll dem Fußballgott beim Verfassen von Liebes-SMS auf deutsch helfen. Scheint fast, als ob sich für Max die Situation klären würde. Doch falsch gedacht: die Geliebte heißt Martha...

Arena

80 Seiten. Arena-Taschenbuch. Ab 12 Jahren

ISBN 3-401-02660-7

AB 1.1.2007: ISBN 978-3-401-02660-2

www.arena-verlag.de

Lieneke Dijkzeul

Ein Traum von Fussball

Der afrikanische Junge Rahmane und seine Freunde Tigani und Henri sind begeisterte Fußballer. Ihr großes Talent eröffnet ihnen die Möglichkeit, der Armut in ihrem Dorf zu entfliehen. Ein Scout entdeckt die drei Freunde und nimmt sie mit in die Stadt, wo sie zu Profifußballern ausgebildet werden. Rahmane weiß: Das ist die größte Chance ihres Lebens! Doch das Training ist hart und nur Rahmane ist willensstark genug, um an seinem Traum festzuhalten. Als Belohnung wird er zu einem Trainingslager in die Niederlande geschickt. Es wird keine einfache Zeit, aber Rahmane gibt nicht auf...

264 Seiten. Arena-Taschenbuch. Ab 12 Jahren

ISBN 3-401-05889-4

Ab 1.1.2007: ISBN 978-3-401-05889-4

www.arena-verlag.de

Arena

Ulli Schubert/Mirko Siemssen/
Felix Hoffmann/Hans-Peter Wiese

Das große **kicker** Fussball-Quiz

Welche Maße hat ein normales Fußballtor? Was bedeutet die Abkürzung UEFA? Welches waren die deutschen Gruppengegener in der Qualifikation zur WM 2006? Jetzt werden die grauen Zellen auf Hochtouren gebracht. Ob allein, zu zweit oder mit der ganzen Mannschaft, in sechs spannenden Rätselrunden lässt sich hier das Fußballwissen testen und natürlich auch erweitern.

224 Seiten. Arena-Taschenbuch. Ab 10 Jahren

ISBN 3-401-02389-4
AB 1.1.2007: ISBN 978-3-401-02389-2

www.arena-verlag.de

Arena

Mirko Siemssen / Felix Hoffmann

Das kicker WM-Tagebuch

Mit dem WM-Tagebuch wird jeder Spieltag zum Ereignis! Es bietet genügend Platz zum Eintragen der wichtigsten Ergebnisse und Begebenheiten, liefert aber auch viele interessante und witzige Hintergrundinfos, Anekdoten etc. rund um den Fußball, die Geschichte der WM und natürlich die deutsche Mannschaft. Mit zwei Doppelseiten für jeden Spieltag und vielen Sonderseiten für das Drumherum. Die erste Fußball-Weltmeisterschaft in Deutschland seit 32 Jahen – ein unvgessliches Ereignis, dokumentiert mit dem WM-Tagebuch!

144 Seiten. Arena-Taschenbuch. Ab 10 Jahren

ISBN 3-401-02306-3
AB 1.1.2007: ISBN 978-3-401-02306-9

www.arena-verlag.de